Dr. Janina Larissa Bühler

Mehr Ich. Mehr Du. Mehr Wir.

Für meine Eltern

Dr. Janina Larissa Bühler

Mehr Ich. Mehr Du. Mehr Wir.

Warum wir als Paar intensiver lieben, wenn wir uns selbst verwirklichen

Mit Illustrationen und Grafiken von Joana Kelén

BELTZ

MIX
Papier aus verantwortungsvollen Quellen
FSC www.fsc.org
FSC® C089473

Klimaneutral
Papier
ClimatePartner.com/13732-1910-1001

Dieses Buch ist erhältlich als:
ISBN 978-3-407-86720-9 Print
ISBN 978-3-407-86741-4 E-Book (EPUB)

1. Auflage 2023

in der Verlagsgruppe Beltz • Weinheim Basel
Werderstraße 10, 69469 Weinheim

Illustration: Joana Kelén
Lektorat: Bettina Brinkmann
Umschlaggestaltung: Vietmeier Design, München
Bildnachweis: © Joana Kelén

Herstellung und Layout: Sarah Veith
Satz: Publikations Atelier, Dreieich
Druck und Bindung: Beltz Grafische Betriebe, Bad Langensalza
Beltz Grafische Betriebe ist ein klimaneutrales Unternehmen (ID 15985-2104-100).
Printed in Germany

Weitere Informationen zu unseren Autor:innen und Titeln
finden Sie unter: www.beltz.de

Inhalt

Vorwort

Seit ich mich erinnern kann, interessiere ich mich für Menschen. Dafür, wie sie fühlen, denken und handeln, kurzum: für ihre Persönlichkeit. Als Wissenschaftlerin fasziniert mich dabei besonders das Zusammenspiel zwischen Persönlichkeit und Partnerschaft. Wie trägt die Persönlichkeit zum Gelingen einer Partnerschaft bei? Und wie prägen Beziehungserfahrungen die Persönlichkeitsentwicklung? Ich kann mir wenig Spannenderes vorstellen, als diesen Fragen in der Forschung nachgehen zu dürfen. Neben der Wissenschaft ist mir die praktische Arbeit wichtig, in der ich Paare und Individualpersonen dabei unterstütze, Entwicklungsmöglichkeiten aufzuspüren und umzusetzen.

»Mehr Ich. Mehr Du. Mehr Wir.« Diese Leitlinie hat sich im Laufe der Jahre als zentrales Credo meiner Forschung und Praxis erwiesen. Ich bin fest davon überzeugt, dass zwei starke, in sich verankerte und entwicklungsbejahende Individuen einer der wichtigsten Grundpfeiler für eine tragende und glückliche Partnerschaft sind. Gerne wird es als Egoismus abgetan, wenn man den Blick auf sich selbst richtet. Das ist schade und zu kurz gegriffen, denn eine gesunde Selbstbeziehung ist zentral, um überhaupt in Beziehung zu einer anderen Person treten, geschweige denn eine andere Person lieben zu können.

Dieses Buch ist daher auch eine Einladung, dem Ich sorgsame Zuwendung zuteilwerden zu lassen. »Wer bin ich?«, »Was ist mir wichtig?«, »Wohin will ich?«, »Wovor habe ich Angst?« Diese Fragen können dabei helfen, die eigene Persönlichkeit besser kennenzulernen und ein starkes Ich zu entwickeln. Neben dieses starke Ich gesellt sich ein starkes Du, welche zusammen ein starkes Wir formen. Es kommt folglich auf den Dreiklang an. Zu viel Ich wäre zu egozentrisch, zu viel Du wäre zu selbstaufopfernd, und zu viel Wir könnte erdrückend sein. Für eine glückliche Partnerschaft braucht es »Mehr Ich. Mehr Du. Mehr Wir.«.

Mit diesem Buch möchte ich Ihnen Einblicke in die Persönlichkeitspsychologie und Beziehungsforschung geben. Mein Anliegen ist es, Ihnen jene Konzepte vorzustellen, die eine besondere Alltagsrelevanz für Selbstentwicklung in der Partnerschaft haben. Die Lektüre kann Sie dazu einladen, sich aktiv mit Ihrer Persönlichkeit und Ihrer Partnerschaft zu befassen. Sie können sich aber auch auf einer rein informativen und theoretischen Ebene mit den Inhalten beschäftigen. Nehmen Sie sich das, was zu Ihrer jetzigen Lebenssituation am besten passt und für Sie stimmig ist. Seien Sie nicht enttäuscht, wenn Sie in diesem Buch kein Allgemeinrezept für eine glückliche Beziehung finden. Da Menschen verschieden sind und ihre Beziehungen individuell gestalten, gibt es keine allgemeingültigen Gesetzmäßigkeiten. Das mag auf der einen Seite ernüchternd sein, für Sie als Leser:in und für mich als Forscherin. Aber genau in dieser Individualität liegt das Spannende an Menschen und ihren Partnerschaften. Was für eine Person wunderbar ist, ist für eine andere Person befremdlich. Nehmen Sie sich daher aus der Lektüre das, was für Sie als Person und Beziehungspartner:in stimmig ist.

Bevor Sie mit der Lektüre des Buches beginnen, möchte ich einige Punkte nicht unerwähnt lassen. Denn man könnte sich fragen, ob es nicht ein Luxusproblem sei, sich angesichts humanitärer und Klimakatastrophen um die eigene Entwicklung zu kümmern. In meinen Augen sind dies keine Widersprüche. Denn egal, wohin wir unsere Aufmerksamkeit lenken und mit wem oder was wir in Beziehung treten, ein stabiles Fundament in sich selbst ist eine zentrale Voraussetzung dafür. Personen können sich nur dann gänzlich einbringen, wenn sie sich selbst nicht verlieren. Wenn wir uns in der kleinsten Dyade, dem Paar, um einen wertschätzenden Umgang bemühen, können wir diesen Umgang in die Gesellschaft tragen. Indem wir uns fragen, welche Bedingungen es braucht, damit sich Menschen entwickeln können, pflegen wir eine achtsame und ressourcenorientierte Haltung. Gewiss ist diese bewusste Haltung nicht immer einfach. Und auch gibt es Lebensphasen, in denen andere, gravierendere Sorgen als die eigene Persönlichkeitsentwicklung zentral und drängend sind. Aber auch in diesen Momenten tun wir gut daran, den wertschätzenden Umgang mit uns selbst und anderen nicht zu verlieren.

Die Forschung ist auf dem Weg, diverser zu werden, kann mit den gesellschaftlichen Entwicklungen aber nicht immer Schritt halten, sodass sich noch viele Forschungsergebnisse auf gegengeschlechtliche Paare beziehen. Ebenso gibt es noch vergleichsweise wenig Studien, die ältere Paare in den Blick nehmen, die beispielsweise frisch verliebt sind. Ich bin zuversichtlich, dass sich in der Forschung hier in den kommenden Jahren viel bewegen wird. Im Buch ist es mir ein Anliegen, Beziehungen diverser zu denken und eine gewisse Vielfalt an Beziehungen zu berücksichtigen.

Zuletzt ist mir wichtig, dass Selbstentwicklung nicht als zusätzliches »To-do« in dem ohnehin oft schon vollen Alltag verstanden werden sollte. Es gibt kein Muss zur Persönlichkeitsentwicklung, weder bei sich selbst noch bei dem Partner oder der Partnerin. Dieses Buch ist eine *Einladung* zur Persönlichkeitsentwicklung und betont die Möglichkeiten, die eine Beziehung bereithält. Damit Sie diese Einladung direkt umsetzen können, wird es im Laufe des Buches immer wieder Reflexionsfragen und bewährte Übungen geben. Denn Persönlichkeits- und Beziehungsentwicklung lernt man selten durch das bloße Lesen, sondern durch das Tun. Es wird Übungen geben, die Sie selbst betreffen und zum Nachdenken anregen können. Wenn Sie mögen, legen Sie sich daher ein kleines Notizbuch bereit, das Sie bei der Lektüre begleiten wird. Halten Sie Ihre Gedanken zu den Übungen, aber auch alles andere, was Sie im Laufe der Lektüre beschäftigt, darin fest. Neben diesen Reflexionsfragen wird es auch konkrete Übungen geben, die Sie in den Austausch mit Ihrem Partner oder Ihrer Partnerin bringen können.

Erlauben Sie sich, den Schweinwerfer auf Sie selbst und auf Sie als Paar zu richten. Erlauben Sie sich, sich neu kennenzulernen. Manche Erkenntnisse mögen ungewohnt und fremd sein, andere Erkenntnisse mögen überraschen und erfreuen. Alle Erkenntnisse sind willkommen. Sie sind Teil von Ihnen, von Ihrer Persönlichkeit und Ihrer Partnerschaft. Bleiben Sie offen und neugierig. Ich wünsche Ihnen viel Freude dabei!

01

Glücklich in der Liebe

Was eine gute Beziehung ausmacht

Zu Beginn dieses Buches möchte ich Ihnen Jakob und Emma vorstellen. Jakob und Emma sind beide 40 Jahre und seit 14 Jahren ein Paar. Sie haben zwei Töchter, die sechs und zwölf Jahre alt sind. Jakob und Emma werden uns durch die nächsten beiden Kapitel begleiten und weitere Paare werden in den späteren Kapiteln hinzukommen. Mit Jakob und Emma wollen wir herausfinden, was eine glückliche Beziehung überhaupt ausmacht. Eine einfach anmutende Frage, die nicht immer einfach zu beantworten ist. Was macht eine glückliche Beziehung für Sie aus? Mit dieser Frage möchte ich Sie zur Lektüre dieses Buches einladen.

Übung 1. Was macht eine glückliche Beziehung für mich aus?

Menschen haben unterschiedliche Vorstellungen von Beziehungsglück. Nehmen Sie sich einen Moment Zeit und überlegen Sie sich, was eine glückliche Beziehung für Sie ganz persönlich ausmacht.

- Was wäre Ihre Definition einer glücklichen Beziehung?
- Welche Werte sollten gelebt werden?
- Welche Gefühle möchten Sie spüren?
- Mit welchem Gefühl möchten Sie in die Zukunft blicken?
- Welche Verhaltensweisen sollten den gemeinsamen Beziehungsalltag prägen?
- Wie sieht es umgekehrt mit jenen Verhaltensweisen aus, die dem Beziehungsglück sofort einen Abbruch täten?

Beziehungszufriedenheit: Was ist das genau?

Die Beziehungszufriedenheit wird generell als eine individuelle Bewertung der eigenen Beziehung verstanden.[1] In der Beziehungsforschung lassen sich dabei zwei Herangehensweisen an das Konzept Beziehungszufriedenheit unterscheiden. Bei der ersten Herangehensweise wird unter Beziehungszufriedenheit eine globale Bewertung der Beziehung verstanden, gewissermaßen eine Vogelperspektive auf die Beziehung. »Wie gut kommt Ihr Partner oder Ihre Partnerin Ihren Bedürfnissen entgegen?«, oder: »Wie zufrieden sind Sie insgesamt mit Ihrer Beziehung?« Dies sind zwei der sieben Fragen, mit denen anhand der *Relationship Assessment Scale* die Beziehungszufriedenheit erfasst wird. Die Skala wurde 1988 von Susan S. Hendrick (1988) entwickelt und mittlerweile in verschiedene Sprachen übersetzt (1993 unter anderem von Joachim Sander und Susanne Böcker in die deutsche Sprache).[2] Die Skala ist seitdem eine der am häufigsten verwendeten Skalen zur Erfassung der Beziehungszufriedenheit.

Neben dieser globalen Bewertung der Beziehung gibt es eine zweite, spezifischere Herangehensweise. Bei dieser stehen das Beziehungsmiteinander und der Beziehungsalltag im Zentrum. Eine typische Skala zur Erfassung wäre hier die *Dyadic Adjustment Scale*, welche von Graham B. Spanier (1976) entwickelt wurde.[3] Welche Themen müsste man bei Ihnen erfassen, um einen Eindruck davon zu bekommen, wie Sie Ihren Beziehungsalltag gestalten? Nachfolgend sehen Sie einige der Themen, die anhand dieser Skala erfasst werden. Zusätzlich zu diesen Themen wird auch erfragt, wie oft Partner:innen streiten und wie sie sich dabei verhalten. Ebenso wird erfragt, wie viel sie miteinander lachen oder wie oft sie einen spannenden Austausch miteinander erleben.

Aspekte des Beziehungsmiteinanders

- Umgang mit Finanzen
- Lebensphilosophie
- Möglichkeiten der gemeinsamen Erholung
- Häufigkeit der gemeinsam verbrachten Zeit
- Ausdruck von Zuneigung
- Sexualität
- Treffen wichtiger Entscheidungen
- Karriereentscheidungen
- Umgang mit Schwiegereltern
- Aufteilung der Hausarbeit

Welche der beiden Herangehensweisen bildet nun aber die »wahre« Beziehungszufriedenheit ab? Auf diese Frage gibt es keine klare Antwort, denn beide Herangehensweisen sind wahr und wertvoll, denn sie ermöglichen, unterschiedlich über die eigene Beziehung nachzudenken und verschiedene Perspektiven auf die eigene Beziehung einzunehmen: eine übergeordnete, globale Perspektive und eine detaillierte, alltagsnahe Perspektive. Interessant ist jedoch, dass bei beiden Herangehensweisen nicht danach gefragt wird, ob sich Partner:innen in ihrer Beziehung persönlich entwickeln können. Dies könnte unter anderem dem Zustand geschuldet sein, zu welchem Zeitpunkt die Skalen entwickelt wurden, nämlich in den 1970er- und 1980er-Jahren – ein Zeitpunkt, an dem Selbstentwicklung in Beziehungen noch wenig Aufmerksamkeit erfuhr. Ein Aspekt, auf den wir im Laufe dieses Kapitels noch näher eingehen werden.

Wie sich Beziehungen entwickeln

Unsere Beziehungszufriedenheit ist oft nicht konstant, denn Beziehungen verändern sich im Laufe des Lebens. Sie sind dynamisch. Aber wie entwickeln sich Beziehungen genau? Ich möchte Sie dafür zu einer Reflexionsübung einladen.

Übung 2. Meine Beziehungsbiografie

Nehmen Sie sich einen Stift zur Hand und zeichnen Sie einen Zeitstrahl, der von Ihrer Jugend bis heute reicht. Tragen Sie dann all jene Beziehungserfahrungen ein, die für Sie bedeutsam waren. Dabei spielt es keine Rolle, wie lange eine Beziehung gedauert hat (oder ob sie überhaupt zustande gekommen ist). Es geht vielmehr darum, zu entdecken, welche Erfahrungen Sie geprägt haben. Sie können sich diese Übung wie eine Reise vorstellen: An manchen Stationen steigen wir aus, an anderen fahren wir vorbei, aber die Eindrücke bleiben haften.

Wichtig bei dieser Übung ist Folgendes. Schreiben Sie bitte dazu, wie alt Sie bei jeder der Erfahrungen waren, und denken Sie über folgende Fragen nach: Wie waren Sie zu dieser Zeit? Was war Ihnen zu dieser Zeit wichtig? Welche Bedürfnisse und Ziele hatten Sie?

Welche Entdeckung haben Sie auf Ihrer kurzen Beziehungsreise gemacht? Waren Sie in Ihren Beziehungen immer dieselbe Person mit denselben Bedürfnissen? Oder haben sich Ihre Bedürfnisse und Ziele im Laufe der Jahre verändert – und wenn ja, wie? Einige von Ihnen werden vielleicht beobachtet haben, dass sich die Bedürfnisse im Laufe der eigenen Biografie verändert haben. Dieser Trend ist entwicklungspsychologisch zu erklären: Je nach Alter und Lebensphase, in der wir uns befinden, sind unterschiedliche Entwicklungsaufgaben wichtig und unterschiedliche Bedürfnisse präsent.[4]

Die Rolle des Alters

Im jungen Erwachsenenalter (18 bis 40 Jahre) steht die Suche nach der eigenen Identität im Zentrum. Junge Menschen wollen herausfinden, wer sie sind und was ihnen wichtig ist. Sie beginnen erste Partnerschaften, die oft von kurzer Dauer sind. Gerade am Anfang des jungen Erwachsenenalters, wenn die möglichen Lebenswege unbegrenzt scheinen, haben das Explorieren und Erkunden oberste Priorität. Ziel dieser Suche ist es, jene soziale und berufliche Nische zu finden, die dem eigenen Wesen am besten entspricht.[5]

Im mittleren Erwachsenenalter (40 bis 65 Jahre) tritt die Suche in den Hintergrund. Stattdessen stehen die Konsolidierung und das Bewahren im Mittelpunkt. Personen des mittleren Erwachsenenalters haben ihre soziale und berufliche Nische meist gefunden und möchten diese erhalten. Sie spüren ein gewisses Maß an Klarheit und Stabilität, weil das eigene Leben in bestehenden Bahnen verläuft. Gleichzeitig kann dadurch auch das Gefühl aufkommen, weniger Freiraum und geringe Freiheitsgrade zu haben. Die eigenen Wege können vorgezeichnet erscheinen, was zu einer reduzierten Lebenszufriedenheit führen kann und oft auch als *midlife crisis* beschrieben wird, aber als Phänomen in der Forschungsliteratur nicht unumstritten ist.[6]

Die reduziertere Zufriedenheit in der Lebensmitte zeigt sich interessanterweise auch in der Beziehung, wie die Ergebnisse einer aktuellen Metaanalyse – also einer Studie über viele Studien hinweg – darlegen.[7] Meine Kolleg:innen und ich konnten Daten von über 165 000 Personen auswerten und dabei beobachten, dass Personen in der Mitte des Lebens, mit 40 Jahren, tendenziell am unzufriedensten in ihrer Beziehung sind. Gründe für dieses Beziehungstief können sein, dass die Beziehung eintönig geworden ist oder sich negative Kommunikationsmuster eingeschliffen haben.[8] Die Ergebnisse der Metaanalyse zeigen aber auch, dass bei Paaren, die diesen Tiefpunkt überwinden, die Beziehungszufriedenheit wieder ansteigt. Diese Paare möchten bewahren, was sie miteinander erschaffen haben. Allerdings braucht es dafür Durchhaltewillen, Weitblick und die Bereitschaft, am Bestehenden zu arbeiten.

Im höheren Erwachsenenalter (ab 65 Jahren) bekommt das Bewahren nochmals einen ganz eigenen Wert. Verluste – körperliche wie soziale – werden vordergründiger, was den Blick auf das Hier und Jetzt schärft. Die Entwicklungspsychologin Laura Carstensen und ihre Kolleg:innen haben dieses Phänomen als *sozioemotionale Selektivitätstheorie* beschrieben[9]: Ältere Personen nehmen ihre Zeit bis zum Lebensende als begrenzt wahr und widmen sich daher verstärkt ihren sozialen Begegnungen im Hier und Jetzt. Aus diesen Begegnungen schöpfen sie Freude und positive Gefühle. Diese Positivität zeigt sich auch in ihrer Beziehungszufriedenheit, denn wie wir bereits gesehen haben, steigt die Beziehungszufriedenheit im höheren Erwachsenenalter wieder an – möglicherweise, weil ältere Paare verstärkt zu schätzen wissen, was sie aneinander haben und *dass* sie einander haben.

Abbildung 1 veranschaulicht den gesamten Verlauf der Beziehungszufriedenheit über die Lebensspanne: Die Beziehungszufriedenheit sinkt bis zur Lebensmitte und steigt dann wieder an. Wenn wir Jakob und Emma nach ihrer Lebenszufriedenheit fragen würden, würden sie uns also vermutlich von einer eher geringen Beziehungszufriedenheit berichten, weil sie sich – statistisch gesehen – am entwicklungsbedingten Tiefpunkt ihrer Beziehungszufriedenheit befinden.

Auch wenn Metaanalysen auf einer beachtlichen Anzahl an Einzelstichproben beruhen (im Fall der hier erwähnten Metaanalyse waren es 165 Einzelstichproben) und Ergebnisse über eine Vielzahl an Studien aggregiert werden und damit eher generalisierbar sind, zeigen Forschungsergebnisse immer Trends und Tendenzen auf. Das bedeutet, dass Einzelpersonen von dem allgemeingültigen Trend abweichen können. Oder anders ausgedrückt: Wenn Sie 40 Jahre alt sind und gerade am glücklichsten Punkt in Ihrer Beziehung stehen, dann ist das ebenso möglich (und schön) und sollte Sie nicht beunruhigen. Der Verlauf in Abbildung 1 zeigt noch etwas weiteres Spannendes: Denn selbst am Tiefpunkt der Beziehungszufriedenheit – bei vielen Personen im Alter von 40 Jahren – sinkt die Beziehungszufriedenheit nie unter 77 Prozent der maximal möglichen Beziehungszufriedenheit. Das heißt, dass Jakob und Emma selbst im unzufriedensten Moment ihrer Beziehung noch relativ zufrieden sind.

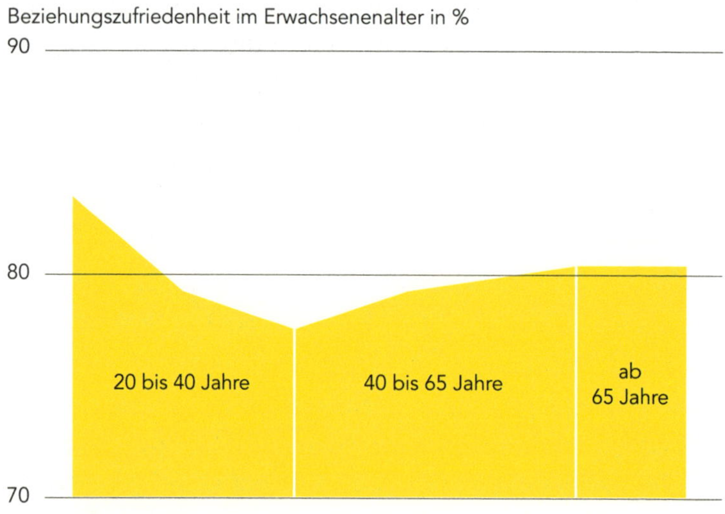

Abbildung 1. Beziehungszufriedenheit nach Alter

Dieser kurze Exkurs in die Entwicklungspsychologie zeigt, dass altersbedingte Entwicklungsaufgaben nicht nur für das eigene Leben relevant sind, sondern auch für das Leben als Paar. Manche Themen werden wichtiger, während andere an Bedeutung verlieren. Beziehungen sind dadurch ein sich kontinuierlich entwickelndes Gebilde, das Höhen und Tiefen erlebt.

Die Dauer einer Beziehung

Für die Entwicklung einer Beziehung ist aber nicht nur entscheidend, wie alt die Partner:innen sind, sondern auch, wie lange sie schon ein Paar sind. Abbildung 2 veranschaulicht daher, wie sich die Beziehungszufriedenheit über die Dauer einer Beziehung entwickelt. Was fällt Ihnen auf?

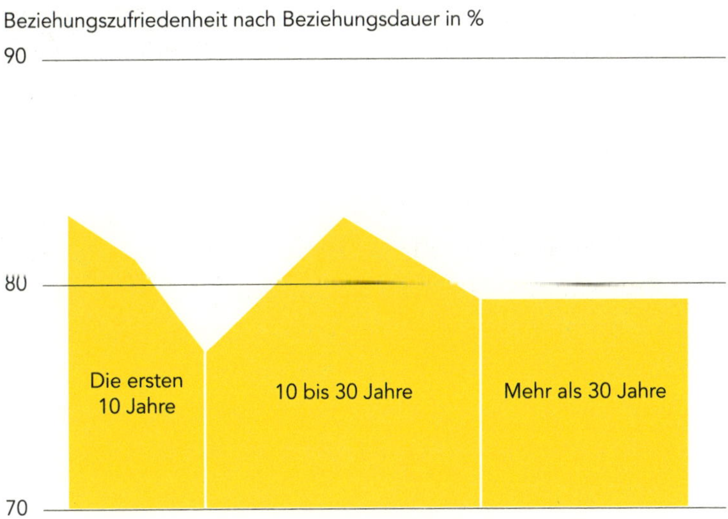

Abbildung 2. Beziehungszufriedenheit nach Beziehungsdauer

Möglicherweise ist Ihnen aufgefallen, dass der Verlauf der Beziehungszufriedenheit in Abhängigkeit von der Beziehungsdauer dynamischer ist als in Abhängigkeit vom Alter. Es gibt mehr Höhen und Tiefen. Insbesondere in den ersten zehn Beziehungsjahren fällt die Beziehungszufriedenheit häufig relativ stark ab. In der Forschung wird dieser Effekt treffenderweise auch als *the-honeymoon-is-over effect* bezeichnet[10]: Die anfängliche Verliebtheit lässt nach. Allerdings fällt die Beziehungszufriedenheit auch hier nie unter 77 Prozent der maximal möglichen Zufriedenheitswerte.[11]

Der Verlauf in Abbildung 2 zeigt weiter, dass die Beziehungszufriedenheit bei Paaren, die das Beziehungstief überstehen, wieder zunimmt. Es scheint also eine Art Wende- oder Entscheidungspunkt in der Beziehung zu geben: Paare, die beim Beziehungstief nach zehn Jahren sehr unzufrieden sind, werden sich zu diesem Zeitpunkt vermutlich trennen. Jene Paare, die das Beziehungstief überstehen, zusammenbleiben und an sich arbeiten, sind zufriedener. Was machen diese Paare richtig? Was brauchen Partner:innen, um langfristig glücklich und zufrieden in ihrer Beziehung zu sein?

Die Liebe

Für glückliche Beziehungen braucht es, unter anderem, Liebe. Aber was ist Liebe genau? Gemäß des Psychologen Robert Sternberg besteht die Liebe aus drei zentralen Komponenten – Leidenschaft, Nähe und Verbindlichkeit –, aus denen sich verschiedene Formen von Liebe und Beziehung ergeben.[12] Sehen wir uns die drei Komponenten der Liebe und die Kombinationen, die sich daraus ergeben, einmal genauer an.

Die drei Komponenten der Liebe und welche Kombinationen sich daraus ergeben

Leidenschaft ist die motivationale Komponente der Liebe. Sie beschreibt das typische »Liebe auf den ersten Blick«-Gefühl. Das Gefühl, sich zu einer anderen Person hingezogen zu fühlen, sich nach ihr zu sehnen und an nichts anderes mehr denken zu können. Leidenschaft ist oft gekoppelt mit dem Verlangen nach körperlicher Innigkeit und Sexualität.

Nähe ist die emotionale Komponente der Liebe. Sie beschreibt die Empfindung, die andere Person sehr gut zu kennen und blind von ihr verstanden zu werden, das Gefühl einer authentischen und innigen Freundschaft. Nähe umfasst zudem das Gefühl von gegenseitigem Respekt und Sorge um die andere Person und geht einher mit behaglichen Gefühlen von Vertrauen und Vertrautheit.

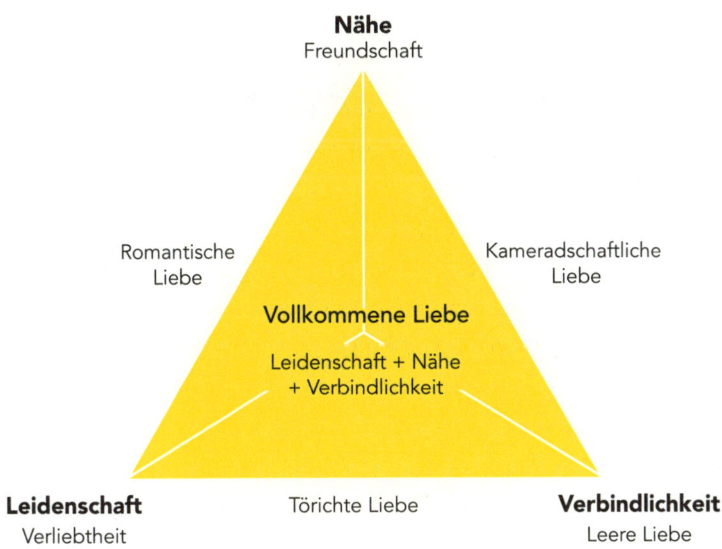

Abbildung 3. Sternbergs Komponenten von Liebe und die Beziehungsformen, die sich daraus ergeben

Verbindlichkeit, oder das englische Wort *commitment*, ist die kognitive Seite der Liebe. Es ist die Gewissheit, gemeinsam durch dick und dünn zu gehen und zusammen in die Zukunft zu blicken. Verbindlichkeit beschreibt die Entscheidung und die Bereitschaft, in der Beziehung bleiben zu wollen und sich dafür einzusetzen.

Abbildung 3 zeigt die Kombinationen, die sich aus diesen Komponenten ergeben. Beginnen wir mit den Beziehungen, in denen nur eine der Komponenten enthalten ist. Eine Beziehung, die aus viel Leidenschaft, aber nicht aus Nähe und Verbindlichkeit besteht, würde als *Verliebtheit* verstanden werden; als eine Liebe, die wenig Tiefe aufweist und nicht von einer gemeinsamen Zukunft getragen ist. Eine Beziehung, die viel Nähe, aber weder Leidenschaft noch Verbindlichkeit enthält, würde eher als *Freundschaft* denn als romantische Beziehung beschrieben werden. Eine Beziehung, in der Partner:innen nur Verbindlichkeit, aber keine Leidenschaft oder Nähe füreinander empfinden, würde als eine *leere Liebe* verstanden werden.

Beziehungen, die nur aus einer Komponente bestehen, sind meist fragil, weil sie auf Dauer betrachtet nicht erfüllend sind. Die meisten längerfristigen Beziehungen bestehen daher aus – mindestens – zwei Komponenten. Sehen wir uns also an, welche Formen von Liebe und Beziehung sich daraus ergeben. Die Kombination aus Leidenschaft und Nähe wird als *romantische Liebe* beschrieben. Eine Liebe, die oft intensiv, aber kurzlebig ist. Häufig sind dies Beziehungen, die in der Jugend oder im jungen Erwachsenenalter gelebt werden; in einer Entwicklungsphase, in der Exploration vor Zukunftsplänen steht. Die Kombination aus Leidenschaft und Verbindlichkeit beschreibt eine Art *törichte Liebe*, die zwar körperliche Innigkeit und Zukunftspläne beinhaltet, aber nicht von Nähe und gegenseitiger Sorge getragen wird. Die Kombination aus Nähe und Verbindlichkeit wird als *kameradschaftliche Liebe* beschrieben. Eine

Liebe, die durch Vertrautheit und Sorge um die andere Person charakterisiert ist, aber keine Leidenschaft beinhaltet.

Sie fragen sich nun möglicherweise, welche Form von Beziehung entsteht, wenn alle drei Komponenten – Leidenschaft, Nähe und Verbindlichkeit – zusammenkommen? In diesem Fall würde Sternberg von einer *vollkommenen Liebe* sprechen.

Das Modell von Robert Sternberg kann dabei helfen, systematische Begrifflichkeiten dafür zu haben, was Liebe und glückliche Beziehungen ausmacht. Gleichzeitig kann das Modell nicht alle Komponenten beinhalten, die Menschen in ihren Beziehungen individuell wichtig sind. Ich möchte Sie daher in Übung 3 einladen, Ihre individuellen Komponenten der Liebe besser kennenzulernen.

Übung 3. Meine Komponenten der Liebe

Nehmen Sie sich einen Moment Zeit und beantworten Sie für sich die folgenden Fragen.

- Welche Rolle spielen Leidenschaft, Nähe und Verbindlichkeit in Ihrer Beziehung?
- Ist eine der Komponenten in Ihrer Beziehung aktuell zu dominant vertreten?
- Ist eine der Komponenten in Ihrer Beziehung aktuell zu wenig vertreten?
- Was können Sie dazu beitragen, dass die wenig vertretene Komponente wieder stärker ins Zentrum rückt?
- Gibt es weitere Aspekte, die für Sie Liebe und eine glückliche Beziehung ausmachen, aber in dem Modell von Robert Sternberg nicht enthalten sind?

Vielleicht ist Ihnen aufgefallen, dass die Selbstentwicklung bei Sternbergs Modell nicht als zentrale Komponente der Liebe genannt wird – sie wird nicht *explizit* genannt, könnte man ergänzen. Denn *implizit* schwingt die Selbstentwicklung in Sternbergs Modell mit, weil Liebe möglicherweise leicht zu empfinden ist, wenn die andere Person so bleibt, wie sie ist, aber sie könnte auf die Probe gestellt werden, wenn sich Partner:innen weiterentwickeln – oder die Liebe könnte sich intensivieren, wenn sich Partner:innen weiterentwickeln. Selbstentwicklung und Liebe spielen daher durchaus zusammen. Lassen Sie uns zwei Komponenten, die für Liebe und Selbstentwicklung relevant sind, genauer ansehen: Nähe und Verbindlichkeit.

Nähe: Eine Überlappung zwischen dir und mir

Wie wir bereits erfahren haben, ist Nähe die emotionale Komponente der Liebe. Nähe beschreibt, dass Partner:innen miteinander verwoben sind und sich gegenseitig beeinflussen.[13] Nähe drückt sich in Vertrauen und Verbundenheit aus sowie darin, dass Partner:innen eine gemeinsame Perspektive auf die Welt einnehmen, welche sich als »Wir-Gefühl« oder »Wir-Perspektive« beschreiben lässt.[14]

Durch Nähe wird die Grenze zwischen Du und Ich fließend. Das Forscherehepaar Arthur Aron und Elaine N. Aron beschreibt eine Beziehung daher auch als Selbsterweiterung.[15] Eine Überlappung zwischen zwei Selbsten findet statt. Diese Überlappung kann auf einer realen, materiellen Ebene, aber auch auf einer immateriellen Ebene erfolgen. Materiell würde beispielsweise bedeuten, dass Emma und Jakob ihre Ressourcen miteinander teilen und eine gemeinsam gekaufte Wohnung abbezahlen. Immateriell würde bedeuten, dass die Erfolge und Rückschläge von Emma auch Erfolge und Rückschläge für Jakob sind, und umgekehrt. Die Ressourcen ebenso wie die Charaktereigenschaften und Werte von Emma und Jakob vermengen sich. Abbildung 4 veranschaulicht die Möglichkeiten der Überlappung (Kreispaare B bis G) oder auch die Möglichkeit der Nichtüberlappung (Kreispaar A), die Partner:innen erleben können. Je stärker die Kreispaare überlappen, desto größer ist der Grad an Nähe.

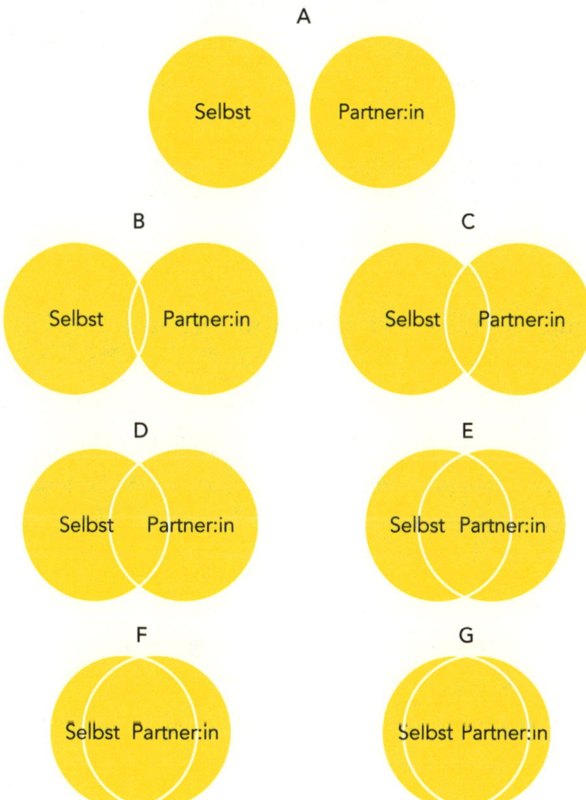

Abbildung 4. Die Überlappung von zwei Selbsten

Allerdings unterscheiden sich Personen darin, mit welchem Grad an Überlappung sie sich wohlfühlen. Nicht für jede und jeden ist es gleich bedeutsam, sich als Einheit mit dem Partner oder der Partnerin wahrzunehmen. Daher tun wir gut daran, mit unserem Partner oder unserer Partnerin darüber zu sprechen, mit welchem Grad an Überlappung wir uns wohlfühlen. Empfinde ich zu viel oder zu wenig Überlappung als bedrohlich? Für Jakob beispielsweise ist es beunruhigend, wenn er Emma als zu weit entfernt wahrnimmt (Kreispaar A). Für Emma hingegen ist es erdrückend, wenn sie Jakob als zu nah wahrnimmt (Kreispaar G). Daher lade ich Sie ein, Ihre eigene Vorstellung von Nähe in der Beziehung genauer kennenzulernen – und, wenn Sie mögen, diese mit Ihrem Partner oder Ihrer Partnerin zu teilen.

Übung 4. Nähe zwischen dir und mir

Sehen Sie sich die Kreispaare aus Abbildung 4 nochmals an und lesen Sie sich die folgenden Fragen durch. Wählen Sie dann für jede Ihrer Antworten ein Kreispaar (A bis G) aus, das Ihnen am zutreffendsten erscheint.

- Welches Kreispaar stellt Ihre Beziehung aktuell am besten dar?
- Welches Kreispaar zeigt, wie Sie sich eine Beziehung idealerweise wünschen würden?
- Was denken Sie, wie würde Ihr Partner oder Ihre Partnerin diese Fragen beantworten?

Verbindlichkeit: Gemeinsam durch dick und dünn

Das Konzept der Verbindlichkeit wurde von der Beziehungsforscherin Caryl Rusbult im Rahmen des Investitionsmodells geprägt.[16] Investition? Ja. Denn was zunächst ökonomisch klingen mag, ist zentral für Beziehungen, denn Investitionen tragen zu Verbindlichkeit bei und Verbindlichkeit trägt zu langfristig stabilen Beziehungen bei. Wie Abbildung 5 zeigt, sind neben den Investitionen auch die Beziehungszufriedenheit und die Qualität der Alternativen entscheidend für das Ausmaß an Verbindlichkeit. Sehen wir uns diese drei Faktoren daher einmal genauer an.

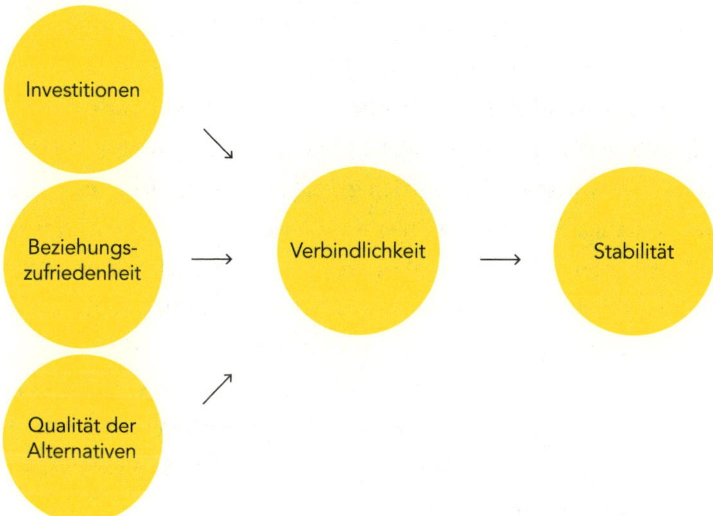

Abbildung 5. Das Investitionsmodell

Die *Investitionen* beschreiben all das, was Personen in ihre Beziehung investiert und eingebracht haben, wie etwa gemeinsame Anschaffungen oder Zeit. Unter Investitionen fällt aber auch das, was Personen psychologisch in ihre Beziehung eingebracht haben, wie ihre Gefühle oder die eigene Identität, die sie auf Grundlage der Beziehung neu definiert haben. Es ist einfach vorstellbar, dass Personen, die viel in die Beziehung investiert haben, mehr zu verlieren haben und daher stärker an der Beziehung hängen als Personen, die wenig investiert haben.[17] Personen, die viel investiert haben, verspüren daher mehr Verbindlichkeit.

Die *Beziehungszufriedenheit* haben wir bereits zu Beginn dieses Kapitels kennengelernt. Sie beschreibt, als wie erfüllend die Beziehung im Allgemeinen oder der Beziehungsalltag im Speziellen wahrgenommen wird. Generell verspüren Personen, die in ihrer Beziehung zufrieden sind, mehr Verbindlichkeit.

Die *Qualität der Alternativen* beschreibt die Bewertung möglicher Alternativszenarien. Diese Alternativszenarien können entweder konkrete andere Personen sein, wie der nette Snowboardlehrer, oder alternative Lebensentwürfe, wie ein Leben als Single. Wir wägen die verschiedenen Szenarien gegeneinander ab: Ist es besser, in der aktuellen Beziehung zu bleiben oder eine andere Beziehung zu suchen? Wäre es besser, Single zu sein? Wir vergleichen diese Alternativen nicht konstant, sonst könnten wir vermutlich keine ruhige Minute verbringen. Aber wir wägen die möglichen Alternativszenarien von Zeit zu Zeit ab, um zu prüfen, ob wir an dem Punkt stehen, an dem wir stehen wollen. Personen, für die keines der Alternativszenarien in Frage kommt, verspüren mehr Verbindlichkeit.

Alle drei Faktoren – Investitionen, Beziehungszufriedenheit und Qualität der Alternativen – tragen zum Ausmaß an Verbindlichkeit bei, das seinerseits die Stabilität der Beziehung beeinflusst. Denn tatsächlich verwenden Partner:innen, die ein höheres Maß an Verbindlichkeit verspüren, häufiger das Wort »wir« als das Wort »ich«.[18] Erfasst wird die Verbindlichkeit typischerweise anhand der *Investment Model Scale*.[19] Die Skala wurde 1998 von Caryl Rusbult entwickelt und enthält Aussagen wie »Ich wünsche mir, dass unsere Beziehung noch sehr lange dauert« oder »Es ist sehr unwahrscheinlich, dass ich innerhalb des nächsten Jahres mit jemand anderem als mit meinem jetzigen Partner oder mit meiner jetzigen Partnerin zusammen sein werde«.[20]

Wie sieht die Verbindlichkeit bei Jakob und Emma aus? Jakob hat viel in die Beziehung investiert, ist zufrieden in dieser Beziehung und findet alternative Beziehungsszenarien uninteressant. Jakob verspürt daher viel Verbindlichkeit; er sieht eine langfristige Beziehungsperspektive mit Emma und ist bereit, an sich und der Beziehung zu arbeiten. Bei Emma sieht die Situation etwas anders aus. Auch sie hat viel in die Beziehung investiert und erlebt immer wieder glückliche Momente mit Jakob. Aber in regelmäßigen Abständen nagt an ihr das Gefühl, dass sie manche ihrer Bedürfnisse in der Beziehung nicht stillen kann, was sie mitunter unzufrieden macht. Noch ist das nagende Gefühl relativ leise, aber es tritt immer öfter zutage und beunruhigt sie. Emmas Verbindlichkeit ist daher etwas brüchig geworden.

Wir sehen, dass sich die Verbindlichkeit nicht automatisch daraus ergibt, dass zwei Personen ein Paar sind. Die Verbindlichkeit darf und muss immer wieder geprüft werden und sollte sorgsam gepflegt werden, denn Verbindlichkeit motiviert uns, an uns und der Beziehung zu arbeiten. Wenn wir, wie Emma, gerade weniger Verbindlichkeit verspüren, könnten wir uns einem der Aspekte zuwenden, die zum Ausmaß an Verbindlichkeit beitragen. Beispielsweise könnten wir mehr Zeit mit unserem Partner oder unserer Partnerin verbringen und so wieder mehr in die Beziehung investieren.

Welche Rolle spielen Erwartungen für Beziehungen?

Neben der Liebe, die sich aus den Komponenten Leidenschaft, Nähe und Verbindlichkeit ergibt, spielen unsere *Erwartungen* eine wichtige Rolle. Erwartungen sind Bestandteil von *Beziehungstheorien*, das heißt dessen, wie wir uns eine Beziehung vorstellen.[21] Unsere Erwartungen tragen dazu bei, wie wir unsere Beziehung konkret gestalten und welche Rituale uns im Beziehungsalltag wichtig sind. Oft sind uns unsere Erwartungen gar nicht so bewusst. Sie schlängeln sich eher unbewusst in den Beziehungsalltag, etwa dann, wenn eine Erwartung nicht erfüllt wird.

Wenn Jakob beispielsweise die Erwartung hat, dass sich Partner:innen zur Begrüßung und Verabschiedung einen Kuss geben sollten, und Emma diese Vorstellung nicht erfüllt, dann löst das Irritation bei Jakob aus. Oder wenn Emma die Ansicht vertritt, dass eine Partnerschaft viel Freiraum gewähren sollte, aber Jakob diese Vorstellung nicht teilt, dann kann das zu Reibungen führen. Umso wichtiger ist es, die eigenen Erwartungen zu kennen und diese mit dem Partner oder der Partnerin zu teilen. Kennen Sie Ihre? Finden Sie es in Übung 5 heraus!

Übung 5. Wie sollte eine Beziehung sein?

Lernen Sie Ihre eigenen Erwartungen besser kennen, indem Sie die folgenden Fragen beantworten.

- Welche Werte und Rituale sind Ihnen in einer Beziehung wichtig?
- Welche Werte und Rituale sind Ihnen in einer Beziehung weniger wichtig?
- Was denken Sie: Wie würde Ihr Partner oder Ihre Partnerin diese Fragen beantworten?

Unsere Erwartungen und Beziehungstheorien werden im Laufe der Entwicklung geformt. Formgebend sind zum einen vorgelebte Bilder, wie die Beziehungen der Eltern, Großeltern oder Freund:innen, und zum anderen Bücher, Filme oder Erzählungen. Prägend für Beziehungstheorien können auch vergangene Beziehungserfahrungen sein. Die vorgelebten Bilder, die gelesenen Bücher oder die erlebten Erfahrungen können entweder als Vorbilder dienen oder Sie dazu bringen, eine gänzlich andere Beziehung leben zu wollen. Auch Ihre Beziehung ist wiederum ein Vor- oder Gegenbild für andere Beziehungen.

Wir tun gut daran, die eigene Beziehungstheorie von Zeit zu Zeit zu hinterfragen und zu aktualisieren. Schauen Sie sich jeden Aspekt an und fragen Sie sich: Will ich diesen Aspekt, dieses Ritual wirklich als Teil meiner Beziehungstheorie haben? Oder ist es ein Überbleibsel aus alten Erfahrungen, von denen ich mich lösen möchte? Es gibt dabei keine richtige oder falsche Beziehungstheorie und keine richtigen oder falschen Erwartungen oder Rituale. Vielmehr geht es darum, dass Sie jener Beziehungstheorie treu bleiben, die für Sie stimmig ist. Denn nur wenn Sie eine klare Vorstellung davon haben, was Ihnen in Ihrer Beziehung wichtig ist, können Sie daran arbeiten, diese gemeinsam mit Ihrem Partner oder Ihrer Partnerin umzusetzen.

Welche Rolle spielen Bedürfnisse für Beziehungen?

Erinnern Sie sich an die Frage der *Relationship Assessment Scale* zur Erfassung der Beziehungszufriedenheit, die lautete: »Wie gut kommt Ihr Partner oder Ihre Partnerin Ihren Bedürfnissen entgegen?« Ob eine Person zufrieden in ihrer Beziehung ist, hängt folglich nicht nur von den Komponenten der Liebe und den Erwartungen ab, sondern auch von den Bedürfnissen, die eine Person hat. Aber welche Bedürfnisse wollen typischerweise in einer Beziehung gestillt werden? Lassen Sie uns hierfür beispielhaft auf die Beziehung von Jakob und Emma blicken. Jakob wünscht sich in der Beziehung mit Emma Nähe und Verbundenheit. Auch Emma wünscht sich Nähe zu Jakob, aber sie sehnt sich zunehmend danach, sich stärker selbst entwickeln zu können. Nicht immer sind die Bedürfnisse von Jakob und Emma miteinander vereinbar, was mitunter zu Spannungen führt. Diese Spannungen sind nicht ungewöhnlich für Beziehungen, denn Beziehungen bestehen aus Individuen mit individuellen Bedürfnissen.

Gemäß des Beziehungsforschers Eli Finkel lassen sich die Bedürfnisse, die Personen in ihren Beziehungen haben, anhand der Bedürfnispyramide von Abraham Maslow verstehen und einordnen.[22] Abraham Maslow, einer der einflussreichsten Psychologen des 20. Jahrhunderts, lieferte mit seiner Bedürfnispyramide einen bedeutsamen Beitrag für ein besseres Verständnis der menschlichen Motivation.[23] Alle menschlichen Bedürfnisse, so Maslow, ließen sich hierarchisch in eine Pyramide einordnen. So auch die Bedürfnisse, die Personen in Beziehungen haben, könnte man ergänzen.

Maslows Bedürfnispyramide

Maslows Bedürfnispyramide umfasst fünf globale Bedürfniskategorien, welche ihrerseits eine Reihe spezifischer Unterbedürfnisse enthalten.[24] Die grundlegendste Bedürfniskategorie enthält *physiologische Bedürfnisse*, wie Hunger, Durst, Wärme, Schlaf und Atmung. Die zweite Bedürfniskategorie bilden die *Sicherheitsbedürfnisse*, etwa das Bedürfnis nach körperlicher und seelischer Unversehrtheit, nach finanzieller Sicherheit, nach Kontrolle und Vorhersehbarkeit. Eine Stufe darüber steht das Bedürfnis nach Zugehörigkeit und Liebe, wie beispielsweise das Bedürfnis nach Gruppenzugehörigkeit, Vertrauen, sexueller Intimität und das Bedürfnis, zu lieben und geliebt zu werden. Die vierte Bedürfniskategorie stellt das Bedürfnis nach Wertschätzung dar, etwa das Bedürfnis nach Selbstwert, Selbstachtung und Selbstwirksamkeit, ebenso wie das Bedürfnis nach Erfolg, Prestige und Respekt. Die oberste Bedürfniskategorie beinhaltet das Bedürfnis nach Selbstverwirklichung, wie etwa das Bedürfnis nach Selbstentfaltung, persönlichem Wachstum, unverfälschter Selbstwahrnehmung, Spontaneität und Autonomie.

Die fünf Bedürfniskategorien sind hierarchisch aufgebaut, sodass die Bedürfnisse der jeweils höheren Stufe tendenziell dann zutage treten, wenn die Bedürfnisse der unteren Stufen gestillt worden sind. Um ein Beispiel zu geben: Solange eine Person das Gefühl hat, keine Selbstachtung und Selbstwirksamkeit zu haben, wird sie tendenziell nicht das Bedürfnis verspüren, nach persönlichem Wachstum und Selbstentfaltung zu streben. Unsere Bedürfnisse sind somit ein Motivator. Sie treiben uns an, unser Leben – und unsere Beziehung – so zu gestalten, dass wir unsere Bedürfnisse bestmöglich erfüllen können.

Manche der Bedürfnisse können wir tatsächlich eigenständig erfüllen. Beispielsweise können wir (meistens) selbst entscheiden, früher schlafen zu gehen, um so unserer Schlafhygiene etwas Gutes zu tun. Andere Bedürfnisse, wie etwa die Bedürfnisse nach Nähe und Zugehörigkeit, lassen sich schwerer allein stillen. Damit wir uns beispielsweise in einem neuen Arbeitsumfeld integriert fühlen, brauchen wir Arbeitskolleg:innen, die uns als Teil des Teams aufnehmen. Zu wissen, welche Bedürfnisse wir haben und wie wir diese erfüllen können, ist ein wichtiger Schritt, um sich authentisch und stark zu fühlen – im Leben und in der Liebe.

Um die eigenen Bedürfnisse kennenzulernen, müssen wir uns ihnen zuwenden. Oft vernachlässigen wir es, unseren Bedürfnissen ausreichend Aufmerksamkeit zu schenken. Sei es, weil wir uns konform zu den Erwartungen anderer verhalten oder weil wir uns so verhalten, wie wir uns schon immer verhalten haben. Oft spüren wir unsere Bedürfnisse erst dann, wenn sie über eine längere Zeit nicht gestillt wurden. Wenn wir unzufrieden sind und erst nicht wissen, warum. Wenn wir langsam auf die Suche gehen und merken, dass es die Bedürfnisse sind, die unglücklich aus der Ecke rufen und gehört werden wollen. Es ist daher wichtig, rechtzeitig in sich hineinzuhorchen, die eigenen Bedürfnisse gut zu kennen, für sie einzustehen und sich für sie starkzumachen. Damit Sie Ihre Bedürfnisse besser kennenlernen können, möchte ich Sie zu einer Übung einladen: dem Bedürfnisorganigramm.

Übung 6. Mein Bedürfnisorganigramm

Welche Bedürfnisse haben Sie? Schreiben Sie all Ihre Bedürfnisse auf. Versuchen Sie dann, sofern möglich, Ihre Bedürfnisse einer von Maslows Bedürfniskategorien zuzuordnen. Fallen viele Ihrer Bedürfnisse in eine Bedürfniskategorie? Oder sind alle Bedürfniskategorien gleichmäßig vertreten? Gibt es Bedürfnisse, die sich nicht einordnen lassen?

Wer kann Ihre Bedürfnisse stillen? Gehen Sie jedes Bedürfnis der Reihe nach durch und überlegen Sie sich, wer dieses Bedürfnis stillen kann. Für manche Bedürfnisse kann es sein, dass es nur eine Person gibt, die dem Bedürfnis nachkommen kann. Für andere Bedürfnisse kann es mehrere Personen geben, die diese Bedürfnisse stillen können. Vergessen Sie nicht, bei dieser Frage auch sich selbst in Betracht zu ziehen.

Wie *wichtig* sind Ihnen diese Bedürfnisse? Gehen Sie Ihre Bedürfnisse Schritt für Schritt durch und überlegen Sie sich, wie bedeutsam das Bedürfnis für Sie ist. Je nach Lebenssituation, in der Sie sich befinden, kann ein Bedürfnis weniger wichtig oder besonders wichtig sein. Beispielsweise kann es sein, dass Sie gerade in eine neue Stadt gezogen sind und das Zugehörigkeitsbedürfnis dadurch einen höheren Stellenwert erfahren hat.

Wie *zufrieden* sind Sie aktuell mit der Erfüllung Ihrer Bedürfnisse? Gehen Sie Ihre Bedürfnisse schrittweise durch und vergeben Sie Punkte dafür, wie zufrieden Sie mit der Erfüllung des jeweiligen Bedürfnisses sind. Die Punkteskala reicht hierbei von 1 bis 5: Wenn Sie gerade sehr viel Zugehörigkeit verspüren, vergeben Sie vier oder fünf Punkte für dieses Bedürfnis. Wenn Sie jedoch das Gefühl haben, dass Ihr Bedürfnis nach Zugehörigkeit gerade brachliegt, vergeben Sie weniger Punkte.

Was können Sie daraus *lernen*? Blicken Sie auf Ihr Bedürfnisorganigramm: Was können Sie selbst dazu beitragen, dass jene Bedürfnisse, deren momentaner Erfüllung Sie weniger Punkte gegeben haben, in Zukunft mehr Punkte erhalten? Was machen Sie bei den Bedürfnissen, die auf der Skala viele Punkte erhalten haben, bereits gut und wie können Sie diese Fähigkeiten für die Bedürfnisse, die weniger Punkte erhalten haben, nutzen?

Als Hinweis: In Abbildung 6 sehen Sie einen Auszug aus Emmas Bedürfnisorganigramm. Möglicherweise kann es Ihnen als Anregung für diese Übung dienen.

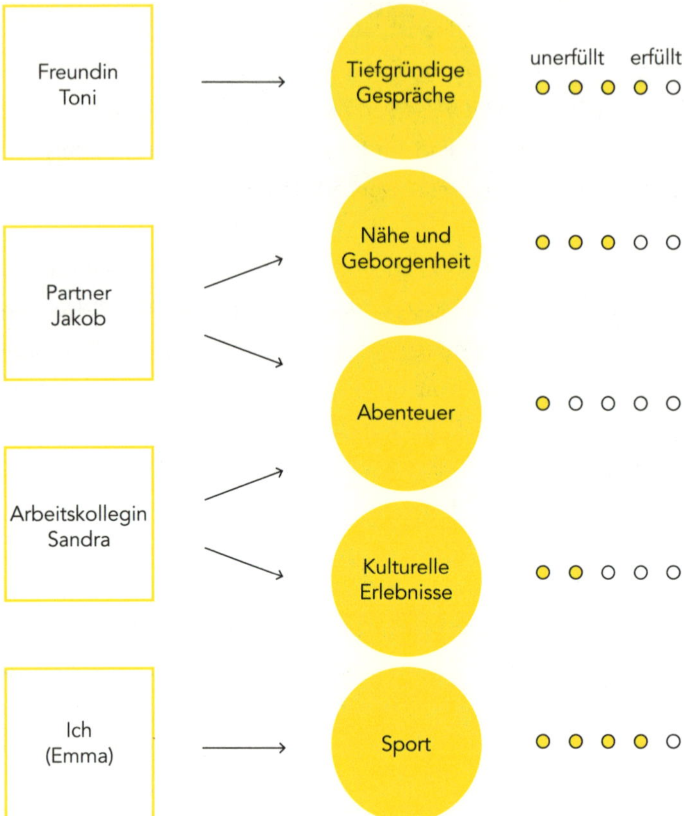

Abbildung 6. Emmas Bedürfnisorganigramm

Erwartungen und Bedürfnisse in Beziehungen

Durch ein Bedürfnisorganigramm bauen wir uns ein Netz an *Unterstützungsspezialist:innen* auf.[25] Personen, die uns dabei unterstützen können, unsere Bedürfnisse zu erfüllen. Nun würde mich als

Beziehungsforscherin natürlich interessieren, welche Bedürfnisse Sie erhoffen, in Ihrer Partnerschaft zu erfüllen. Werden diese Bedürfnisse auch von anderen Personen abgedeckt oder nur von Ihrem Partner oder Ihrer Partnerin? Sich aufrichtig damit auseinanderzusetzen, was wir von unserer Beziehung erhoffen, kann helfen, die Beziehung nicht mit Bedürfnissen zu überfrachten.

Denn Bedürfnisse sind ein zweischneidiges Schwert. Auf der einen Seite können viele Bedürfnisse und hohe Erwartungen dazu beitragen, dass sich Personen für ihre Beziehung engagieren. Auf der anderen Seite können viele Bedürfnisse und hohe Erwartungen dazu beitragen, dass Beziehungspartner:innen mit den Erwartungen, die an sie gestellt werden, nicht Schritt halten können und Beziehungen so hinter ihrem Potenzial zurückbleiben. Wenige Bedürfnisse und zu niedrige Erwartungen zu haben, ist jedoch nicht optimal, weil dann viel passieren muss, damit die Beziehung als unbefriedigend erlebt wird. Wir sollten daher versuchen, angemessene Bedürfnisse und Erwartungen zu haben. Bedürfnisse und Erwartungen, die uns motivieren, und gleichzeitig Raum für Entwicklung zulassen.

Erwartungen und Bedürfnisse im Laufe der Zeit

Gemäß Eli Finkel und Kolleg:innen erwarten heutige Beziehungspartner:innen mehr von ihren Beziehungen, als dies Beziehungspartner:innen früherer Generationen getan haben.[26] Diese Tendenz lässt sich historisch erklären und kann anhand von drei Beziehungs- oder Ehemodellen skizziert werden. Abbildung 7 veranschaulicht diese Modelle. Wichtig ist mir zu betonen, dass die Modelle nur Tendenzen abbilden und daher nicht auf jede Person zutreffen können, denn Menschen sind verschieden. Auf die individuellen Unterschiede – ein Aspekt, der mir als Persönlichkeitspsychologin besonders wichtig ist – kommen wir im Laufe dieses Buches immer wieder zu sprechen. Aber lassen Sie uns die drei Modelle zunächst genauer ansehen.[27]

Abbildung 7. Zeitstrahl mit Beziehungsmodellen

Das institutionelle Modell

Das erste Modell beschreibt eine zweckmäßige Form der Beziehung und Ehe, die vom 18. Jahrhundert bis zur Mitte des 19. Jahrhunderts vorherrschend war. Dieses Beziehungs- und Ehemodell hatte zum Ziel, dass sich Partner:innen gegenseitig unterstützten, um so ihre wirtschaftlichen und sozialpolitischen Ziele zu realisieren, wie etwa den landwirtschaftlichen Familienbetrieb aufrechtzuerhalten. Bedürfnisse, die im institutionellen Modell durch die Beziehung abgedeckt wurden, waren grundlegende Bedürfnisse wie Nahrung, wirtschaftliche Sicherheit, Kinderbetreuung und -erziehung sowie die Betreuung von älteren Familienangehörigen. Es ist zu vermuten, dass die individuellen Bedürfnisse beider Partner:innen in diesem Beziehungs- und Ehemodell wenig Platz hatten. Verknüpfen wir nun dieses Modell mit Maslows Bedürfnispyramide, so können wir erahnen, welche Bedürfnisse das institutionelle Modell abdeckte: Zentral waren vor allem physiologische und Sicherheitsbedürfnisse – also Bedürfnisse der beiden unteren Pyramidenstufen.

Das kameradschaftliche Modell

Das zweite Modell, das von 1850 bis 1965 vorherrschend war, beschreibt eine kameradschaftliche – und später auch romantische – Form der Beziehung und Ehe. Das kameradschaftliche Modell entsprach der damals klassischen Verteilung von Versorger und Ehefrau mit getrennten Sphären der Zuständigkeit (ökonomischer Bereich versus häuslicher Bereich). Gleichzeitig wurden romantische Ideale wichtiger, die jedoch meist unerfüllt blieben, weil es die getrennten Sphären erschwerten, dass Partner:innen gemeinsame Interessen teilten und sich als Individuen kennenlernen konnten. Die Romantisierung drückte sich daher eher in einer Idealisierung der anderen Person als in tatsächlich gelebten Gefühlen und Realitäten aus.

Erst im Laufe der Jahrzehnte entwickelte sich eine Form der Beziehung und Ehe, die die gelebte Intimität, Vertrautheit und Leidenschaft ins Zentrum des Beziehungsgeschehens rückte. Neue soziale Strukturen – etwa die Berufstätigkeit der Frau – ermöglichten ein tatsächliches Kennenlernen beider Partner:innen und eine Romantisierung, die in der Realität ankam. Es entstand zunehmend eine Form der Beziehung und Ehe, die auf Nähe und Wertschätzung beruhte. Aufmerksame Leser:innen werden bereits beobachtet haben, dass die kameradschaftliche (und später auch romantische) Form der Beziehung und Ehe auf der Leiter der Maslowschen Bedürfnispyramide hinaufgeklettert ist. Die physiologischen Bedürfnisse und die Sicherheitsbedürfnisse blieben bestehen, aber die Bedürfnisse nach Nähe, Intimität und Wertschätzung kamen hinzu.

Das entwicklungsfördernde Modell

Das dritte Modell, das seit 1965 bis heute vorherrschend ist, fügt Selbstverwirklichung, Selbstentwicklung und die eigene Individualität den Beziehungsbedürfnissen hinzu. Ein zentraler Begriff dieses

Modells ist der expressive Individualismus, wonach erst das Offenbaren authentischer Gefühle eine wahre Beziehung kennzeichnet, sodass die Liebe zur gegenseitigen Entdeckungsreise der Persönlichkeit wird.[28] Gesellschaftliche Veränderungen und soziale Bewegungen – wie das Aufkommen der Antibaby-Pille – trugen zu dieser Entwicklung bei, da sie mehr Kontrolle gaben und dadurch mehr Freiheiten ermöglichten. Die klassische Ehe wurde dadurch ein möglicher Lebensstil von vielen – einer, der zur eigenen Erfüllung beitragen sollte. Denn es war möglich, sich von traditionellen Vorstellungen loszusagen und stattdessen für Authentizität und Selbstentwicklung einzustehen. Partner:innen begegneten sich dadurch zunehmend auf Augenhöhe.

Das entwicklungsfördernde Modell kann somit als i-Tüpfelchen von Maslows Bedürfnispyramide gesehen werden: Die bisherigen Bedürfnisse – physiologische Bedürfnisse, das Bedürfnis nach ökonomischer Sicherheit, das Bedürfnis nach Nähe und Intimität sowie das Bedürfnis nach Wertschätzung – blieben bestehen, aber zusätzlich kamen die Selbstverwirklichung und Selbstentwicklung hinzu.

Ein Blick ins Hier und Jetzt

Was kann dieser kurze historische Ausflug zu unserem heutigen Verständnis von Beziehungen beitragen? Ein Blick zurück erlaubt, besser zu verstehen, wodurch sich heutige Beziehungen und Ehen auszeichnen. Beziehungsbedürfnisse sind – im übertragenen Sinne – den Mount Maslow emporgeklettert: von Versorgungs- und Sicherheitsbedürfnissen im institutionellen Modell über Bedürfnisse der Liebe, Nähe und Wertschätzung im kameradschaftlichen Modell zu Bedürfnissen der Selbstentfaltung im entwicklungsfördernden Modell. Die Vielfalt und Menge dieser Bedürfnisse macht es für heutige Beziehungen mitunter herausfordernder, als erfüllend empfunden zu werden.[29]

Der Mount-Maslow-Effekt: Selbstentwicklung als Kernelement moderner Beziehungen

Selbstverwirklichung

Selbstentfaltung, persönliches Wachstum, Autonomie, Spontaneität, unverfälschte Selbstwahrnehmung

Wertschätzung

Selbstwertgefühl, Selbstachtung, Erfolgserlebnisse, Prestige, Respekt von anderen

Zugehörigkeit und Liebe

Andere lieben, von anderen geliebt werden, anderen vertrauen, sexuelle Intimität, zu einer Gruppe gehören

Sicherheit

Finanzielle Sicherheit, Kontrolle, Vorhersagbarkeit, psychische Sicherheit, physische Sicherheit

Physiologische Bedürfnisse

Hunger, Durst, Wärme, Schlaf, Atmung

Abbildung 8. Der Mount-Maslow-Effekt

Abbildung 8 veranschaulicht den Mount-Maslow-Effekt, wonach Selbstverwirklichung und Selbstentwicklung – neben weiteren Bedürfnissen – ein Kernelement moderner Beziehungen sind. Was brauchen Beziehungspartner:innen, um den Mount Maslow gemeinsam zu besteigen?

Bergsteigen braucht gegenseitigen Halt

Bergsteiger:innen müssen einander vertrauen. Sie müssen wissen, dass die andere Person da ist, dass sie sichert und dass beide Personen in eine gemeinsame Richtung blicken. Das Gleiche trifft auf Bedürfnispyramiden in Beziehungen zu. Partner:innen benötigen gegenseitigen Halt und müssen voneinander wissen, wohin sie wollen. Um sich gegenseitig unterstützen zu können, müssen Partner:innen voneinander wissen, was sie brauchen. Halt und gegenseitige Unterstützung bedeutet auch, dass sich Partner:innen gegenseitig umsorgen. Im Alltag kann das heißen, sich kleine Aufmerksamkeiten zuteilwerden zu lassen, wie etwa ein Zettel mit der Botschaft »Du schaffst das!« vor einer wichtigen beruflichen Präsentation. Eine entwicklungsfördernde Beziehung besteht somit aus Partner:innen, die bereit und bemüht sind, die Entwicklung des jeweils anderen zu unterstützen. Nicht jede einzelne Minute, aber als gelebte Grundhaltung.

Eine ideale Beziehung entwickelt sich mit der Zeit: Wachstum als Grundhaltung

Damit eine entwicklungsfördernde Beziehung gelingt, ist es hilfreich, zu überprüfen, welchen Stellenwert Wachstum in der eigenen Beziehungsauffassung hat. Lassen Sie uns hierfür das Konzept der *impliziten Beziehungstheorien* kennenlernen, welches von C. Raymond Knee entwickelt wurde und auf einem Theorieverständnis gründet, das aus der Intelligenzforschung stammt und auf Beziehungen übertragen wurde.[30] Am Beispiel von Jakob und Emma wollen wir verdeutlichen, was es mit den impliziten Beziehungstheorien auf sich hat.

Jakob vertritt die Auffassung, dass man als Partner:innen füreinander bestimmt ist und nur lange genug suchen muss, bis man die richtige Person findet. Damit verbunden ist auch die Vorstellung, dass es von Anfang an in der Beziehung stimmen muss. Treten Konflikte auf, ist dies ein Indiz dafür, dass man vielleicht doch noch nicht die richtige Person gefunden hat. Das Beziehungsgelingen oder -misslingen wird in Jakobs Augen als schicksalsgegeben angesehen. Emma hingegen vertritt die Auffassung, dass eine Beziehung immer aus Wachstum besteht. In einer Beziehung treffen zwei unterschiedliche Personen aufeinander, sodass es darum geht, jenen Weg zu finden, der für diese beiden Personen stimmig ist. Eine Beziehung ist ihrer Auffassung nach auf Gespräche angewiesen, in denen sich beide Personen kennenlernen und miteinander wachsen können. In Emmas Augen gibt es nicht die eine wahre Person.

Die Auffassung von Jakob würde als implizite Beziehungstheorie des *»Füreinander-bestimmt-Seins«* beschrieben werden, während die Auffassung von Emma als implizite Beziehungstheorie des *»Wachstums«* bezeichnet werden würde. Eine beispielhafte Aussage für die implizite Beziehungstheorie des »Füreinander-bestimmt-Seins« wäre: »Zwei Menschen, die eine Beziehung eingehen, passen entweder zusammen oder nicht.« Eine beispielhafte Aussage für die implizite Beziehungstheorie des »Wachstums« wäre: »Die ideale Beziehung entwickelt sich mit der Zeit Schritt für Schritt.«

Emmas Theorie ist vielleicht etwas weniger romantisch als die von Jakob, aber ihre Auffassung trifft oft sehr viel besser die Realität einer Beziehung als die von Jakob. Sie ermöglicht zudem, elastisch und flexibel auf die Herausforderungen des Beziehungsalltags einzugehen. Denn wenn Personen die Theorie vertreten, dass Beziehungspartner:innen füreinander bestimmt sein müssen und unterschiedliche Bedürfnisse ein Zeichen dafür sind, dass zwei Personen nicht zusammenpassen, dann wird Wachstum in der Beziehung erschwert. Denn diese fast schon existenzielle Vorstellung an die Passung zweier Partner:innen kann die Beziehung erdrücken. Wenn Personen hingegen die Auffassung vertreten, dass unterschiedliche Bedürfnisse Teil einer Beziehung sein dürfen, können Beziehungspartner:innen miteinander wachsen und sich gegenseitig unterstützen. Wie gelingt das im Alltag?

Die Beziehungsforscherinnen Brooke C. Feeney und Nancy L. Collins haben einige Möglichkeiten zusammengefasst, wie gemeinsames Wachstum und entwicklungsfördernde Unterstützung im Alltag gelingen können.[31]

Wie gemeinsames Wachstum und entwicklungsfördernde Unterstützung im Beziehungsalltag gelingen

- Verständnis und Akzeptanz zeigen
- Empathie und Bestätigung ausdrücken
- (Verborgene) Talente fördern
- Nach Rückschlägen den Selbstwert wiederaufbauen
- Widrigkeiten als Chance für positive Veränderung umdeuten
- Dabei helfen, Chancen zu erkennen und zu ergreifen
- Ermutigen, erreichbare Ziele zu setzen
- Unterstützung anbieten und Anerkennung zeigen

Manche der oben genannten Punkte spiegeln die Einstellung der Partner:innen wider, wie etwa Verständnis und Akzeptanz zeigen. Diese Haltung kann in vielen kleinen Handlungen und Gesten des

Alltags zum Ausdruck kommen. Beispielsweise könnte Jakob, wenn Emma am Morgen spät dran ist, ihre Aktentasche schon an die Tür stellen. Oder wenn Jakob nach einem frustrierenden Arbeitstag erschöpft nach Hause kommt, könnte Emma ihn stärkend in den Arm nehmen.

Andere der oben genannten Punkte sind tiefergehende Verhaltensweisen. Diese können nicht zwischen Tür und Angel – beim morgendlichen Verlassen der Wohnung oder beim abendlichen Heimkehren – gezeigt werden. Denn es braucht Zeit, erreichbare Ziele zu formulieren und verborgene Talente zu fördern. Es braucht Zeit, zu wissen, wie es um den Selbstwert von Jakob oder Emma steht und wie dieser nach Rückschlägen wieder aufgepäppelt werden kann. Beide Aspekte – die Einstellung und die tiefergehenden Verhaltensweisen – sind entscheidende Aspekte für einen Beziehungsalltag, der persönliches Wachstum und Unterstützung ins Zentrum rückt. Mit der nachfolgenden Übung möchte ich Sie dazu einladen, sich Ihren Beziehungsalltag unter diesem Gesichtspunkt genauer anzusehen.

Übung 7. Rückschau in die vergangene Woche

Wagen Sie einen Rückblick in die vergangene Woche und versuchen Sie, folgende Fragen zu beantworten.

- Gab es Situationen, in denen Sie Ihrem Partner oder Ihrer Partnerin Unterstützung und Möglichkeiten für persönliches Wachstum eröffnet haben? Notieren Sie diese Situationen stichwortartig. Wie haben Sie konkret agiert und wie hat sich Ihr Partner oder Ihre Partnerin daraufhin verhalten?

- Gab es auch Situationen, in denen Sie sich unterstützendes Verhalten – wie Verständnis oder Bestätigung – von Ihrem Partner oder Ihrer Partnerin gewünscht hätten, aber nicht gespürt haben? Notieren Sie auch diese Situationen stichwortartig.
- Was hätte sich in Ihnen verändert, wenn Sie in diesen Situationen unterstützendes Verhalten erfahren hätten?
- Hätte Ihr Partner oder Ihre Partnerin merken können, dass Sie sich dieses unterstützende Verhalten von ihm oder ihr wünschen? Wenn ja, wie? Wenn nein, wieso nicht?
- Was können Sie dazu beitragen, dass Ihr Partner oder Ihre Partnerin besser wahrnehmen kann, wann Sie sich unterstützendes Verhalten wünschen?

Was ist Ihnen bei dieser Übung aufgefallen? Sind Ihnen Situationen in den Sinn gekommen? Oft ist es gar nicht so leicht, sich an konkrete Situationen zu erinnern, in denen wir unterstützt haben, unterstützt wurden oder uns Unterstützung gewünscht hätten. Und manchmal merken wir, dass wir uns ein tiefergehendes Gespräch gewünscht hätten, dieses aber nicht zustande kam, weil schlicht keine Zeit war. Umso wichtiger ist es, dass wir uns immer wieder bewusst Zeit als Paar nehmen – auch wenn es nur eine halbe Stunde pro Woche ist. Das erscheint kurz, aber auch kurze Zusammenkünfte sind bedeutsam.

Wir kennen kurze Zusammenkünfte mit dem Ziel, sich auf dem Laufenden zu halten, aus der Arbeitswelt. Team-Meetings sind ein wesentlicher Teil unseres Berufsalltags. Erstaunlicherweise vernachlässigen wir diesen Aspekt im Privaten. Denn oft gehen wir intuitiv davon aus, dass uns unser Partner oder unsere Partnerin blind verstehen und wissen müsste, was wir bräuchten. Aber dem ist oft nicht so. Das hat insbesondere auch damit zu tun, dass sich Bedürfnisse und Unterstützungswünsche verändern können. Es kann Phasen geben, in denen es bereichernd ist, wenn Ihr Partner neue Talente an Ihnen entdeckt und Sie ermutigt, diesen nachzugehen. Aber es kann auch Zeiten geben, in denen es zu viel ist, wenn Ihre Partnerin Sie konstant auf verborgene Talente hinweist. Es kann erdrückend sein, weil es sich so anfühlt, als würde die leise Erwartungshaltung mitschwingen, diesen Talenten sofort nachgehen zu müssen.

Versuchen Sie daher, Ihren Bedürfnissen und Unterstützungswünschen immer wieder nachzuhorchen und diese mit Ihrem Partner oder Ihrer Partnerin zu teilen. Nehmen Sie sich als Paar immer wieder bewusst Zeit für diesen Austausch.[32] Der Austausch muss nicht lange sein. Aber zeitliche Investitionen lohnen sich, wie wir bereits bei dem Investitionsmodell von Caryl Rusbult gesehen haben. Probieren Sie es aus!

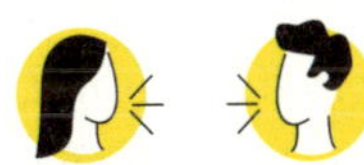

Übung 8. Zeit als Paar

Nehmen Sie sich im kommenden Monat einmal in der Woche eine halbe Stunde Zeit als Paar. Gehen Sie gemeinsam spazieren oder setzen Sie sich mit einer Tasse Tee an den Küchentisch. Wie Sie diese halbe Stunde gestalten, ist ganz Ihnen überlassen. Erfahrungsgemäß ist es gut, einen ruhigen Ort aufzusuchen, an dem Sie ungestört reden können. Erzählen Sie sich gegenseitig, wo Sie aktuell stehen und was diese Woche Wichtiges für Sie ansteht. Was wünschen Sie sich von Ihrem Partner oder Ihrer Partnerin, damit es Ihnen in dieser Woche gut geht? Fragen Sie Ihren Partner oder Ihre Partnerin, was er oder sie braucht.

Welche weiteren Routen auf den Berg gibt es?

Nicht immer möchte der Mount Maslow erklommen werden, denn nicht immer hat persönliches Wachstum in der Beziehung oberste Priorität. Es kann Phasen geben, da sind die Bedürfnisse nach Liebe, Zugehörigkeit und Wertschätzung drängender als das Bedürfnis nach Selbstentwicklung. Phasen, in denen sich Partner:innen möglicherweise emotional ferner sind, sich die Beziehung wie eingeschlafen anfühlt oder andere Herausforderungen den Alltag dominieren. Welche Möglichkeiten gibt es, sich in solchen Phasen wieder umeinander zu bemühen und die Beziehung lebendig werden zu lassen?

Ein Ansatz, der helfen kann, heißt *neuen Wind reinbringen.*[33] Wie der Name schon vermuten lässt, geht es darum, aus dem Alltagstrott auszubrechen. Denn zusätzlich zu der regelmäßigen, kurzen Zeit als Paar, die wir bereits kennengelernt haben, kann es hilfreich sein, sich als Paar gemeinsam sozialen Aktivitäten zuzuwenden, wie etwa ein neues Hobby auszuprobieren – Tango, Improvisationstheater oder Norwegisch lernen. Diese neuen Wege helfen, die Beziehung wieder als lebendiger wahrzunehmen und neue Seiten an sich selbst sowie neue Seiten an dem Partner oder der Partnerin zu entdecken. Sie können sogar noch einen Schritt weiter gehen, indem Sie nicht irgendeine neue Aktivität, sondern eine *aufregende neue* Aktivität gemeinsam ausprobieren. Konkret geht es darum, dass Sie als Paar vier Wochen lang einmal in der Woche für 90 Minuten eine Tätigkeit zusammen erleben, die Sie immer schon mal teilen wollten, wie beispielsweise einen Flug in einem Heißluftballon. Studienergebnisse zeigen, dass Paare, die vier Wochen lang an dieser Übung teilnahmen, mehr Begeisterung für ihre Beziehung verspürten, positivere Emotionen hatten und zufriedener in ihrer Beziehung waren. Ein Grund für diese positiven Effekte ist, dass wir das eigene Selbst anhand einer neuen, aufregenden Erfahrung erweitern können, was mit positiven Emotionen verknüpft ist.[34] Da diese guten Gefühle im Rahmen der Beziehung stattfinden, wirkt sich die Positivität auch auf die Beziehung aus. Sie glauben das nicht? Dann probieren Sie es aus!

Was macht nun eine gute Partnerschaft aus?

Wie wir in diesem Kapitel gesehen haben, tragen unsere Erwartungen und Bedürfnisse dazu bei, wie zufrieden wir in der Beziehung sind. Die Beziehungszufriedenheit wiederum ist einer der drei Faktoren, die zu mehr Verbindlichkeit beitragen. Gemeinsam mit Leidenschaft und Nähe ermöglicht Verbindlichkeit, eine stabile Beziehung aufzubauen. Wir tun also gut daran, unsere eigenen Erwartungen und Bedürfnisse gut zu kennen und zu wissen, wie wir sie stillen können. Manches können wir allein realisieren, für anderes ist es gut, enge Verbündete, wie den Partner oder die Partnerin, an der Seite zu haben. Damit wir uns Verbündete sein können, dürfen wir immer wieder miteinander in Austausch treten und uns einander anvertrauen.

Als Abschluss: Die Partner:innenperspektive

Es ist mir ein Anliegen, dass die Lektüre dieses Buches auch ein Anstoß für einen Dialog mit Ihrem Partner oder Ihrer Partnerin sein kann. Das bedeutet: Fragen Sie Ihren Partner nach seiner Einschätzung und laden Sie Ihre Partnerin zum gemeinsamen Austausch ein. Welche Punkte sehen Sie ähnlich? Bei welchen Aspekten haben Sie unterschiedliche Ansichten? Tauschen Sie sich aus!

Falls ein Dialog mit Ihrem Partner oder Ihrer Partnerin nicht möglich ist, so ist das kein Problem, sondern eine willkommene Übung, sich in die Perspektive Ihres Partners oder Ihrer Partnerin hineinzuversetzen und sich zu fragen, wie er oder sie eine Frage wohl beantworten würde. Oder wenn Sie Single sind, können Sie die Fragen auch in Bezug auf andere Verbündete in Ihrem Umfeld – Ihren besten Freund oder Ihre beste Freundin – beantworten oder Sie nehmen die Fragen als Einladung dafür, sich zu überlegen, was Ihnen bei einem potenziellen Partner oder einer potenziellen Partnerin wichtig wäre. Zum Abschluss des ersten Kapitels möchte ich Sie daher einladen, die eigene Brille für einen Moment abzusetzen und eine andere Brille aufzusetzen.

Übung 9. Die Partner:innenperspektive

Was denken Sie: Was macht eine glückliche Beziehung für Ihren Partner oder Ihre Partnerin aus?

02

Wir sind unterschiedlich

Welche Rolle die Persönlichkeit für die Beziehung spielt

Die Persönlichkeit

Kapitel 1 hat uns gezeigt: Menschen können sich darin unterscheiden, wie sie eine glückliche Beziehung definieren. Sie können sich in ihren Bedürfnissen unterscheiden und darin, mit welchem Grad an Nähe sie sich wohlfühlen. Da Personen verschieden sind, gibt es auch kein Allgemeinrezept für eine glückliche Beziehung. Für die einen ist Beziehungsglück eine enge Symbiose zwischen beiden Partner:innen. Für die anderen ist Beziehungsglück das Gewähren gegenseitigen Freiraums. Gründe für diese Unterschiede liegen zum einen in den Beziehungserfahrungen, die eine Person gemacht hat, und zum anderen in der Persönlichkeit einer Person. In diesem Kapitel wenden wir uns daher dem Konzept der Persönlichkeit zu. Was ist Persönlichkeit genau? Wie verändert sich die Persönlichkeit im Laufe des Lebens? Und welche Persönlichkeitseigenschaften sind besonders relevant für das Gelingen einer Partnerschaft?

Emmas Persönlichkeit unterscheidet sich von Jakobs Persönlichkeit. Emma ist eher chaotisch, aber originell und für jedes Unterfangen zu haben. Sie ist gesellig und kommunikativ, mischt sich gerne unter Leute. Jakob ist eher schüchtern und zurückhaltend und zweifelt manchmal an sich. Im Kontakt mit anderen ist er rücksichtsvoll und freundlich, spielt sich aber nie in den Vordergrund. Emma und Jakob unterscheiden sich. Aber worin unterscheiden sie sich genau?

Diese Frage ist Gegenstand der Persönlichkeitspsychologie. Als Teildisziplin der Psychologie beschäftigt sich die Persönlichkeitspsychologie mit den individuellen Unterschieden zwischen Personen und mit dem, was eine Person genau ausmacht.[35] Wenn ich beispielsweise Sie kennenlernen würde, wie würde ich herausfinden, wer Sie sind? Welche Fragen müsste ich Ihnen stellen, welche Antworten bekäme ich? Was bliebe mir verborgen?

Es gibt die vielfältigsten Aspekte, anhand derer Sie sich mir beschreiben könnten. Sie könnten mir etwa erzählen, welchen Beruf Sie ausüben, ob Sie Kinder haben oder was Ihre Hoffnungen für die Zukunft sind. Sie könnten mir Ihre fünf wichtigsten Lebensziele nennen oder mir sagen, ob Sie sich als selbstbewusste und kommunikative Person sehen. Sie könnten mir anvertrauen, ob Sie an sich glauben oder immer wieder an sich zweifeln.

Um die verschiedenen Eigenschaften einer Person besser verstehen und miteinander in Verbindung setzen zu können, wird in der Persönlichkeitspsychologie mit Modellen gearbeitet. Ein in dieser Hinsicht relevantes Modell ist das integrative Persönlichkeitsmodell des Psychologen Dan P. McAdams.[36] Gemäß dieses Modells können Emma und Jakob – so wie Sie und ich – von verschiedenen Blickwinkeln aus betrachtet werden: vom Blickwinkel eines *sozialen Akteurs*, eines *motivierten Agens* und eines *autobiografischen Autors*. Diese drei Blickwinkel werden als die drei Ebenen einer Person bezeichnet.

Die drei Ebenen einer Person

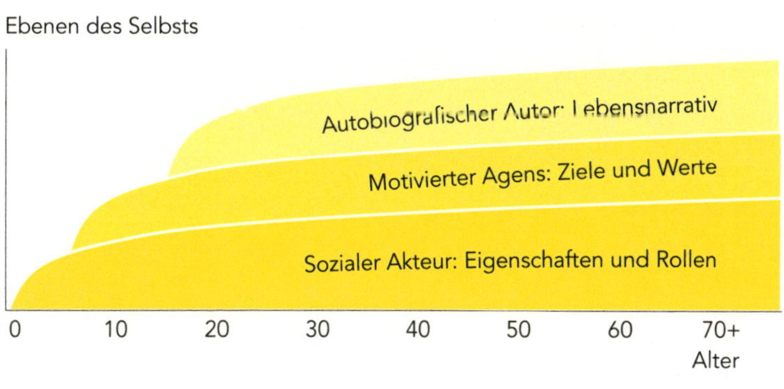

Abbildung 1. Die drei Ebenen einer Person

Wie Abbildung 1 veranschaulicht, schichten sich die drei Ebenen einer Person im Laufe des Lebens aufeinander.[37] Die Persönlichkeit formt sich sukzessive. Lassen Sie uns ansehen, wodurch sich diese drei Ebenen kennzeichnen.

Der soziale Akteur

Der soziale Akteur umfasst all jene Aspekte, die eine Person auf der »sozialen Bühne« des Lebens zeigt. Der Begriff der Bühne geht literarisch auf William Shakespeare und wissenschaftlich auf die Soziologen George Herbert Mead und Erving Goffman zurück und deutet an, dass alles im Leben als Bühne verstanden werden kann. Personen bewegen sich in ihrem täglichen Leben – beim Einkaufen, Fahrradfahren und im Gespräch mit den neuen Arbeitskolleg:innen – als Schauspieler und Schauspielerin. Für ihre Schauspielleistung sind drei Aspekte entscheidend.

Erstens ist wichtig, wie Personen ihre soziale Rolle, beispielsweise jene der Arbeitnehmerin, ausüben. Die vorgegebene Rolle beinhaltet gewisse Regeln und Normen (etwa pünktlich mit der Arbeit zu beginnen), aber Personen unterscheiden sich darin, wie sie die Regeln und Normen tatsächlich umsetzen. Manche fangen etwas unpünktlicher an, während andere schon vor Arbeitsbeginn am Schreibtisch sitzen.

Zweitens ist entscheidend, wie vertraut Personen mit den vorgegebenen Skripten und Routinen ihrer sozialen Rolle sind. Wie gut kennen Personen die expliziten und impliziten Regeln ihrer Rolle, etwa ob Überstunden üblich sind oder nicht? Auch hier unterscheiden sich Personen voneinander: Manche lassen zu Beginn des Feierabends alles stehen und liegen, während andere bis spät in die Nacht arbeiten.

Drittens ist maßgeblich, wie Personen mit den Erwartungen und Rückmeldungen der anderen Personen umgehen. Im übertragenen

Sinne könnte man sagen, dass es hier darum geht, wie Schauspieler:innen mit der Kritik der Zuschauer:innen umgehen. Auch hier reagieren Personen unterschiedlich – während manche unter dem Erwartungsdruck leiden, blühen andere regelrecht auf, wenn sie äußeren Druck spüren.

Als soziale Akteure betreten Menschen jeden Tag eine Bühne, auf der ihre sozialen Rollen ihr Tun beeinflussen. Es ist so, als sei der tägliche Gang zur Arbeit oder zum Supermarkt ein Gang ins Theater: Wir spielen uns. Ist das etwas Schlechtes? Nein, denn wir alle tun es. Wir treffen uns im Alltag auf den Bühnen unseres Lebens. Manchmal wechseln wir Bühnen, manchmal kreuzen wir sie, manchmal wissen wir nicht, auf welcher Bühne wir stehen und was von uns erwartet wird. Manchmal genießen wir den Applaus, und manchmal schämen wir uns, weil wir den Text vergessen haben. All das gehört zu unserem Alltag als Schauspieler:innen dazu.

Entscheidend dafür, wie wir als soziale Akteure konkret agieren, sind unter anderem unsere Persönlichkeitseigenschaften. Persönlichkeitseigenschaften umfassen, wie eine Person im Moment des »auf der Bühne Stehens« fühlt, denkt und handelt. Ein häufig verwendetes Modell zur Beschreibung der Persönlichkeitseigenschaften ist das Fünf-Faktoren-Modell von Paul T. Costa und Robert R. McCrae.[38] Das Modell geht davon aus, dass die Persönlichkeit eines Menschen grundsätzlich anhand von fünf Hauptfaktoren beschrieben werden kann. Diese Faktoren spiegeln *Tendenzen* wider, in einer bestimmten Art und Weise zu fühlen, zu denken und zu handeln. Der Begriff der Tendenz verdeutlicht, dass Personen je nach Situation auch anders fühlen, denken und handeln können, aber in der Gesamtheit aller Situationen tendenziell nach einem für sie bestimmten Muster agieren. Die fünf Hauptfaktoren der Persönlichkeit sind – wie wir später noch sehen werden – relativ stabil über die Lebensspanne und werden daher auch als Dispositionen oder dispositionale Eigenschaften beschrieben; Eigenschaften, die im Kern einer Person innewohnen. Sie bilden sich in den frühen Kindheitsjahren heraus (ungefähr im Alter von zwei bis drei Jahren) und festigen sich im Laufe der Entwicklung.[39]

Die fünf Hauptfaktoren der Persönlichkeit umfassen Offenheit für Erfahrungen, Gewissenhaftigkeit, Extraversion, Verträglichkeit und Neurotizismus. Sie beinhalten ihrerseits verschiedene Facetten und werden gemeinsam unter dem englischen Akronym OCEAN zusammengefasst. Zur Erfassung der fünf Faktoren gibt es verschiedene Fragebögen, die sich unter anderem in der Anzahl an zu bewertenden Aussagen unterscheiden. Ein langer Fragebogen, wie das NEO-Persönlichkeitsinventar (NEO-PI-R), umfasst 240 Aussagen, während ein kurzer Fragebogen, wie das Big Five Inventory -10, zehn Aussagen beinhaltet.[40]

Der nachfolgende Kasten fasst die fünf Hauptfaktoren der Persönlichkeit zusammen; in der Klammer sind jeweils die englischen Originalbezeichnungen, die Big Five Traits, genannt.[41] Wie würden Sie Emma und Jakob anhand dieser fünf Faktoren beschreiben? Und wie würden Sie sich selbst beschreiben?

Die fünf Hauptfaktoren der Persönlichkeit (Big Five Traits)

Offenheit für Erfahrungen (*openness to experience*): Offenheit für Erfahrungen umfasst eine intellektuelle Neugierde, einen Sinn für Ästhetik und ein Gefühl für Kunst und Kreativität.

Gewissenhaftigkeit (*conscientiousness*): Gewissenhaftigkeit beschreibt Sorgfalt, Ordentlichkeit und Zuverlässigkeit. Gewissenhaftigkeit beinhaltet zudem eine gewisse Beharrlichkeit und ein Durchhaltevermögen.

Extraversion (*extraversion*): Extraversion beschreibt ein hohes Maß an Aktivität und die Tendenz, ungehemmt zu sein. Dieser Persönlichkeitsfaktor umfasst außerdem den Hang zu und die Freude an Geselligkeit.

Verträglichkeit (*agreeableness*): Verträglichkeit beschreibt Wärme im Umgang mit anderen Personen, Hilfsbereitschaft und die Tendenz, freundlich mit anderen Personen umzugehen.

Neurotizismus (*neuroticism*): Neurotizismus beinhaltet Gefühlsschwankungen, wie sprichwörtlich Johann Wolfgang von Goethes »Himmelhoch jauchzend, zum Tode betrübt«. Der Persönlichkeitsfaktor umfasst zudem Nervosität, Ängstlichkeit und den Hang, negativen Gedanken und Grübeln nachzuhängen.

Der motivierte Agens

Nachdem wir die Ebene des sozialen Akteurs kennengelernt haben, gehen wir nun eine Ebene weiter. Hier treffen wir auf den motivierten Agens. Während der Akteur durch sein momentanes Fühlen, Denken und Handeln beschrieben wird, so wird der Agens durch sein Planen definiert. Beim motivierten Agens geht es nicht mehr um die Bühne, auf die eine Person tritt, sondern um den Spielplan, den eine Person für die kommenden Jahre oder Jahrzehnte entwickelt hat.

Wir alle haben eine Vorstellung davon, wie unsere Zukunft aussehen könnte und wie wir idealerweise gerne wären. In uns schlummert dieses mögliche Selbst (*possible self* im Englischen).[42] Diese Idealvorstellung kann das zu kompensieren versuchen, was das aktuelle Selbst noch nicht ist oder noch nicht kann. Emma beispielsweise, die unordentlich und unorganisiert ist, wünscht sich, strukturierter und geordneter zu sein. Jakob fällt es schwer, auf andere Personen zuzugehen, sodass er sich wünscht, selbstbewusster zu sein, um so leichtfüßiger und unbeschwerter auf andere Personen zuzugehen.

Die eigenen Zukunfts- und Idealvorstellungen stehen in einem Kontext. Diesen Kontext können wir erkennen, indem wir fragen, *warum* Emma strukturierter sein möchte und *warum* Jakob selbstbewusster sein möchte. Wir treffen dabei auf ihre Lebensprojekte und Lebensziele. Emma beispielsweise steckt in den Endzügen eines wichtigen Projekts und wünscht sich mehr Struktur und Disziplin, um das Projekt erfolgreich abschließen zu können. Jakob strebt eine berufliche Beförderung an und möchte hierfür selbstbewusster auftreten können. Ihre Lebensziele motivieren Emma und Jakob, bestimmte Aspekte ihrer Person zu entwickeln, um so die eigenen Ziele erreichen zu können.

Beim motivierten Agens steht daher nicht mehr die Gegenwart im Zentrum, sondern die Verknüpfung von Gegenwart und Zukunft. Emma würde sagen: »Ich will strukturierter arbeiten, um in den nächsten Monaten mein Projekt abschließen zu können.« Und Jakob würde ergänzen: »Ich will selbstbewusster sein, um in meinem neuen Arbeitskontext souverän aufzutreten.« Wie sehen Ihre persönlichen Lebensziele und Lebensprojekte aus?

Übung 1. Meine Ziele im Leben

Nehmen Sie sich einen Moment Zeit und listen Sie die drei Lebensziele auf, die für Sie aktuell am wichtigsten sind. Denken Sie dabei an verschiedene Lebensbereiche, wie Familie, Beruf, Freizeit, Sport oder Ihr gesellschaftliches Engagement.

Was ist Ihnen wichtig? Möchten Sie eine gute Mutter oder ein guter Vater sein? Möchten Sie erfolgreich im Beruf sein? Wie möchten Sie sein, damit Sie diese Ziele erreichen können?

Neben dem möglichen Selbst einer Person und ihrer Lebensziele umfasst der motivierte Agens auch den Selbstwert, den Bindungsstil, die Hoffnungen, Ängste und Wertkonzepte einer Person. Diese Eigenschaften werden als *charakteristische Anpassungen* zusammengefasst.[43] Damit ist gemeint, dass die Eigenschaften zwar charakteristisch für die Person sind (sie entstehen ungefähr im Alter von sieben bis neun Jahren), sich aber tendenziell stärker an die Umgebungsbedingungen anpassen und verändern, als dies die dispositionalen Eigenschaften, die fünf Hauptfaktoren der Persönlichkeit, tun.

Der autobiografische Autor

Der autobiografische Autor stellt die letzte der drei Persönlichkeitsebenen dar. Wie die Titulierung schon vermuten lässt, geht es bei dieser Ebene darum, wie Personen Geschichten erzählen. Und zwar ihre persönliche Lebensgeschichte mit den erlebten Höhe- und Tiefpunkten. Wir verfassen diese Lebensgeschichte, indem wir die Vergangenheit, Gegenwart und vorgestellte Zukunft in ein kohärentes Narrativ flechten. Dieses Lebensnarrativ hilft uns dabei, zu wissen, wer wir sind, und es ermöglicht uns, für uns und andere beantworten zu können, warum wir das machen, was wir machen. Solch ein kohärentes Narrativ vermittelt Sinn und Identität. Beispielsweise weiß Emma erst jetzt: Es musste damals im Medizinstudium so kommen, dass sie das Physikum dreimal nicht bestand und daraufhin das Studium abbrechen musste. Erst dadurch hatte sie den Mut, sich mit dem zu beschäftigen, was sie wirklich faszinierte: die Landschaftsfotografie. Im Rückblick war das ein entscheidender Moment in ihrem Leben, ein entscheidender Aspekt ihres Lebensnarrativs.

Das Lebensnarrativ ist eine Art roter Faden, der uns durch das Leben führt. Solch ein Faden ist nicht statisch, sondern ständig in Bewegung. Es müssen neue Lebensereignisse eingeflochten werden und zu neuen, weiterentwickelten Narrativen geformt werden. Wichtig bei solch integrativen Lebensgeschichten ist, dass es nicht darum geht, herauszufinden, was wahr ist und was wirklich passiert ist. Vielmehr geht es darum, *wie* die Erfahrungen interpretiert und in Form gegossen werden. Denn selbst vor dem utopischen Hintergrund absolut identischer Lebenserfahrungen würde jede Person die Erfahrungen in ein anderes Lebensnarrativ weben. Zusammenfassend brachte es mein geschätzter Kollege William L. Dunlop treffend auf den Punkt: »Lebensnarrative sind der unverwechselbarste und einzigartigste Aspekt einer Person.«[44]

Ein kohärentes Narrativ zu erstellen, ist nicht immer einfach. Manchmal gibt es Phasen im Leben, da fällt es uns besonders schwer, weil wir (noch) nicht verstehen, wieso dieses bestimmte Ereignis passieren musste. Eine Trennung oder eine wichtige, nicht bestandene Prüfung wie bei Emma. Um ein Narrativ verfassen zu können, benötigen wir zudem komplexe Introspektionsfähigkeiten. Wir müssen in uns hineinhorchen, uns daran erinnern, wer wir in der Vergangenheit waren, und uns vorstellen, wie wir in der Zukunft sein werden. Da dies vergleichsweise anspruchsvoll ist, bildet sich die Ebene des autobiografischen Autors auch erst als letzte Ebene heraus (etwa ab 15 Jahren).[45]

Ich möchte Sie nun einladen, zwei Elemente Ihres Lebensnarrativs kennenzulernen: einen Höhepunkt und einen Tiefpunkt.[46] Höhen und Tiefen sind wichtig, weil diese Kontraste uns dabei helfen, die eigenen Erfahrungen besser einzuordnen und einzuschätzen. Es kann sein, dass Sie nicht *den einen* Höhepunkt oder *den einen* Tiefpunkt benennen können. Aber vermutlich werden Ihnen Szenen oder Momente in den Sinn kommen, die sich als eine Art Höhepunkt oder eine Art Tiefpunkt kennzeichnen lassen. Greifen Sie nach dem ersten Bild, das Ihnen in den Sinn kommt. Die folgenden Passagen lehnen an die englische Originalfassung des *Life Story Interviews* von Dan McAdams an.[47]

Übung 2. Ein Höhepunkt in meinem Leben

Nehmen Sie sich einen Augenblick Zeit, um sich zu folgenden Fragen Gedanken zu machen und diese aufzuschreiben.

Es geht nun um einen Höhepunkt in Ihrer Lebensgeschichte. Ein Moment, in dem Sie in besonderem Maße positive Gefühle verspürt haben, wie Freude, Aufregung, tiefes Glück, einen Höhenflug oder inneren Frieden. Ein Höhepunkt ist einer der schönsten, höchsten und kostbarsten Momente in Ihrer Lebensgeschichte.

Schreiben Sie Ihren Höhepunkt-Moment auf. Versuchen Sie sich zu erinnern, was genau passiert ist, wann und wo es geschehen ist, wer beteiligt war und was Sie gedacht und gefühlt haben. Versuchen Sie, sich zu überlegen, wie dieser Moment Sie geprägt hat und was diese Erfahrung über Sie als Person aussagt.

Quelle: Das ganze Life-Story-Interview finden Sie im englischen Original auf der Homepage der »The Study of Lives Research Group« an der Northwestern University.[48]

Wie wir gesehen haben, besteht das Leben aus Kontrasten. Daher ist neben dem Höhepunkt der Tiefpunkt ein wesentliches Charakteristikum Ihres Lebensnarrativs.

Übung 3. Ein Tiefpunkt in meinem Leben

Nehmen Sie sich einen Augenblick Zeit, um sich auch zu folgenden Fragen Gedanken zu machen und diese aufzuschreiben.

Es geht nun um einen Tiefpunkt in Ihrer Lebensgeschichte. Wenn möglich versuchen Sie sich an eine spezifische Erfahrung zu erinnern, in der Sie in besonderem Maße negative Gefühle empfunden haben. Diese Gefühle können Hoffnungslosigkeit, Enttäuschung, Entsetzen, Schuldgefühle oder eine tiefe Traurigkeit sein.

Dieses Zurückerinnern kann sich unangenehm anfühlen, aber versuchen Sie, aufzuschreiben, was passiert ist, wann und wo es geschehen ist, wer beteiligt war und was Sie gedacht und gefühlt haben. Versuchen Sie auch, sich zu überlegen, wie dieses Erlebnis Sie geprägt hat und was es über Sie als Person aussagt.

Quelle: Das ganze Life-Story-Interview finden Sie im englischen Original auf der Homepage der »The Study of Lives Research Group« an der Northwestern University.[49]

In der Forschung werden die erzählten Szenen eines Lebensnarrativs hinsichtlich verschiedener Aspekte ausgewertet, etwa dahingehend, ob bestimmte Themen besonders prominent vertreten sind.[50] Auf der einen Seite sind das Themen, die soziale und gemeinschaftliche Aspekte abbilden, wie etwa Familie, Freundschaften oder die eigenen Kinder. Dieser Themenblock wird in der Forschung als *communion* bezeichnet. Auf der anderen Seite sind dies Themen, die mit dem eigenen Fortkommen, Wachstum oder Erfolg zu tun haben, wie etwa ein bestandenes Examen oder ein sportliches Erfolgserlebnis. Dieser Themenblock wird in der Forschung als *agency* beschrieben. Wenn Sie nun nochmals auf Ihre eigenen Höhe- und Tiefpunkte blicken, sehen Sie Themen, die besonders präsent sind? Sind es beide Male Themen der Familie und Freundschaft, die Sie erwähnen, oder sind es beide Male Themen der eigenen Entwicklung, die hervorstechen? Oder befasst sich der Höhepunkt mit einem anderen Thema als der Tiefpunkt?

Unsere Lebensnarrative entstehen nicht im luftleeren Raum. Beim Erstellen und Ausarbeiten von Narrativen bedienen wir uns der Bilder, die in der Gesellschaft präsent sind.[51] Ein klassisches Beispiel ist hier *redemption*, was als weiteres Thema in einem Narrativ vorkommen kann. Redemption beschreibt eine Lebensgeschichte oder eine Schlüsselszene, die von etwas Schlechtem in etwas Gutes mündet. Etwa die Geschichte von Emma, die von etwas Schlechtem – der nicht bestandenen Prüfung – in etwas Gutes – die Entdeckung ihres Traumberufes – führte. Redemption ist der Gegenspieler zu *contamination*. Denn Contamination beschreibt eine Lebensgeschichte oder eine Schlüsselszene, die von etwas Gutem in etwas Schlechtes mündet.

Nun unterscheiden sich nicht nur Menschen darin, wie sehr sie eher zu Redemption oder Contamination neigen, sondern auch Kulturen unterscheiden sich darin. Eine Kultur, in der das Thema

Redemption besonders präsent ist, ist die US-amerikanische Kultur, in der öffentliche Lebensgeschichten, Filme oder Werbespots besonders dann Erfolg versprechend sind, wenn sie das Thema Redemption aufgreifen.[52] Wenn Menschen diesem Thema in ihrem Alltag häufig begegnen, sehen sie auch ihr eigenes Leben durch die Brille der Redemption und fragen sich: »Gibt es auch in meinem Leben Momente der Redemption?« Jede Person hat somit eine bestimmte Brille auf, die kulturell geprägt ist und auf das eigene Lebensnarrativ abfärbt.

Die Auseinandersetzung mit dem eigenen Lebensnarrativ kann hilfreich sein, um zu erkennen, welche Aspekte im Leben besonders wichtig sind – in den Höhepunkten wie Tiefpunkten des Lebens. Die Beschäftigung mit dem eigenen Lebensnarrativ kann zu einem lieb gewonnenen Ritual werden. Wenn Sie sich beispielsweise am Ende jedes Jahres einen Moment für Ihr eigenes Lebensnarrativ nehmen, auf das Jahr zurückblicken und sich fragen: Was waren in diesem Jahr meine Höhe- und Tiefpunkte? Wie passen diese Erlebnisse in meine übergeordnete Lebensgeschichte? Fügen sie sich stimmig in das Bestehende ein oder fordern sie mich heraus, meine übergeordnete Lebensgeschichte neu zu sortieren? Indem wir unserem Lebensnarrativ gegenüber aufmerksam bleiben, bleiben wir nah an unserer Persönlichkeit und ihrer Entwicklung dran. Zentral für die Selbstentwicklung ist daher das Aufspüren des eigenen roten Fadens.

Nun, was ist Persönlichkeit?

Persönlichkeit ist mehr als das, was ich am Ende eines Gesprächs über Sie erfahren würde. Persönlichkeit ist auch mehr als das, was ich durch mehrere Gespräche mit Ihnen über Sie erfahren würde.

Persönlichkeit ist, wie eine Person auf der sozialen Bühne fühlt, denkt und handelt (sozialer Akteur). Persönlichkeit ist, welche Ziele, Werte und Hoffnungen eine Person hat (motivierter Agens). Und Persönlichkeit ist die individuelle Geschichte, die eine Person über ihr Leben verfasst (autobiografischer Autor). Zusammen bilden diese Ebenen die Persönlichkeit einer Person; sie schichten sich im Laufe der Jahre übereinander und verdichten sich zu einer gefestigten Persönlichkeit. Die drei Ebenen sind dabei nicht unabhängig voneinander, denn wie sich Personen verhalten und welche Erfahrungen sie machen, fließt in das Lebensnarrativ ein. Das Lebensnarrativ wiederum prägt, welche Lebensprojekte Personen entwickeln und welche Situationen sie aufsuchen.[53] Wir sind somit immer ein Akteur, Agens und Autor. Das ist unsere Persönlichkeit.

Wie entwickelt sich die Persönlichkeit?

»Es gibt nichts, das von Dauer ist, außer die Veränderung selbst.« Dieser Satz, der von dem Philosophen Heraklit von Ephesos stammt, trifft auch auf die Persönlichkeit zu. Denn zwar bleiben wir im Laufe der Jahre dieselbe Person, aber diese Person verändert sich auch.[54] Aber wie genau verändert sich die Persönlichkeit? Lassen Sie uns hierfür auf die verschiedenen Ebenen der Persönlichkeit blicken.

Was Hänschen nicht ist

Bleiben Personen in ihren fünf Hauptfaktoren der Persönlichkeit – ihren Big Five Traits – dieselbe Person? Ja und nein. Ja, weil Personen über die Lebensspanne hinweg eine beachtliche Stabilität individueller Persönlichkeitsunterschiede aufweisen (als Rangordnungsstabilität in der Forschung bezeichnet).[55] Das bedeutet, dass ein Kind, das im Vergleich zu anderen Kindern eher schüchtern und zurückhaltend ist, tendenziell ein Erwachsener sein wird, der im Vergleich zu anderen Erwachsenen eher schüchtern und zurückhaltend sein wird. Man könnte sagen: Was Hänschen nicht ist, wird Hans nimmermehr.

Wichtig ist jedoch, dass Studien, die Persönlichkeitsentwicklung untersuchen, selbstverständlich nicht jeden einzelnen Menschen untersuchen können. Daher sind die Ergebnisse auch hier als Tendenzen zu verstehen, die auf viele – aber nicht auf alle – Personen zutreffen. So kann es sein, dass Sie eine Person kennen, die als Kind schüchtern und introvertiert war und nun als Erwachsener extrovertiert und gesellig ist – obwohl der allgemeine Trend in eine andere Richtung weisen und eine Stabilität individueller Persönlichkeitsunterschiede nahelegen würde.

Das Reifungsprinzip

Trotz der Stabilität individueller Persönlichkeitsunterschiede entwickeln sich die fünf Hauptfaktoren der Persönlichkeit im Laufe des Lebens auf systematische Weise (als Mittelwertsveränderung in der Forschung bezeichnet).[56] Um dies an einem Beispiel zu veranschaulichen: Jakob ist gewissenhafter als Emma. Er wird tendenziell auch in einem Jahr, in fünf Jahren und in zehn Jahren gewissenhafter als Emma sein (dies wäre die Stabilität individueller Unterschiede). Gleichzeitig werden Emma und Jakob beide tendenziell im Laufe ihres Lebens gewissenhafter (dies wäre die Mittelwertsveränderung). Man kann sich dieses Prinzip wie Wanderwege vorstellen: Emmas und Jakobs Wege verlaufen beide von der Waldhütte in Richtung des sonnigen Aussichtspunkts, aber sie tun dies auf zwei parallel verlaufenden Pfaden unterschiedlicher Höhe.

Wie genau entwickeln sich die fünf Hauptfaktoren der Persönlichkeit im Laufe des Lebens? Abbildung 2 veranschaulicht die Ergebnisse einer umfangreichen Metaanalyse, in der die Persönlichkeitsentwicklung basierend auf 92 Studien untersucht wurde.[57] Drei Aspekte seien zu der Abbildung angemerkt: Erstens, der Persönlichkeitsfaktor Extraversion ist in seine zwei Facetten – soziale Vitalität und soziale Dominanz – aufgeteilt, da sich beide Facetten im Laufe des Lebens unterschiedlich entwickeln. Zweitens, statt Neurotizismus ist sein Gegenpol, die emotionale Stabilität, dargestellt. Drittens, die Abbildung zeigt kumulative Veränderungswerte. Diese erlauben, die Veränderungswerte der jeweiligen Altersphasen miteinander zu verbinden und dadurch ein übergeordnetes Bild über die gesamte Lebensspanne zu erhalten. Dies ist methodisch zentral, da eine Einzelstudie kaum Personen von der Jugend bis ins hohe Erwachsenenalter beobachten könnte.

Abbildung 2 macht deutlich, wie sich Personen im Laufe des Lebens entwickeln: Sie werden tendenziell gewissenhafter, verträglicher und emotional stabiler. Diese Persönlichkeitsentwicklung findet sich über verschiedene Länder hinweg, wie eine Studie von Wiebke Bleidorn und Kolleg:innen zeigt, in der 62 Länder untersucht wurden.[58] Was könnten Gründe für diese systematische Persönlichkeitsentwicklung sein? Ein möglicher Grund ist, dass Personen im Laufe des Lebens soziale Rollen einnehmen, die ihnen eine psychologische Reife abverlangen. Wenn wir beispielsweise unsere erste Arbeitsstelle antreten, sollten wir lernen, pünktlich mit der Arbeit zu beginnen und Verantwortung zu übernehmen. Dies führt dazu, dass wir im Laufe der Zeit gewissenhafter und reifer werden. Der Mechanismus, der hinter diesem Reifungsprinzip steckt, wird als *soziales Investitionsprinzip* beschrieben.[59] Wir investieren in unsere sozialen Rollen, wodurch wir in unserer Persönlichkeit reifer – gewissenhafter, verträglicher und emotional stabiler – werden.

Allerdings zeigen Forschungsergebnisse auch, dass das soziale Investitionsprinzip nicht immer konsistent gefunden wird[60]; ein Aspekt, auf den wir in Kapitel 4 weiter eingehen werden.

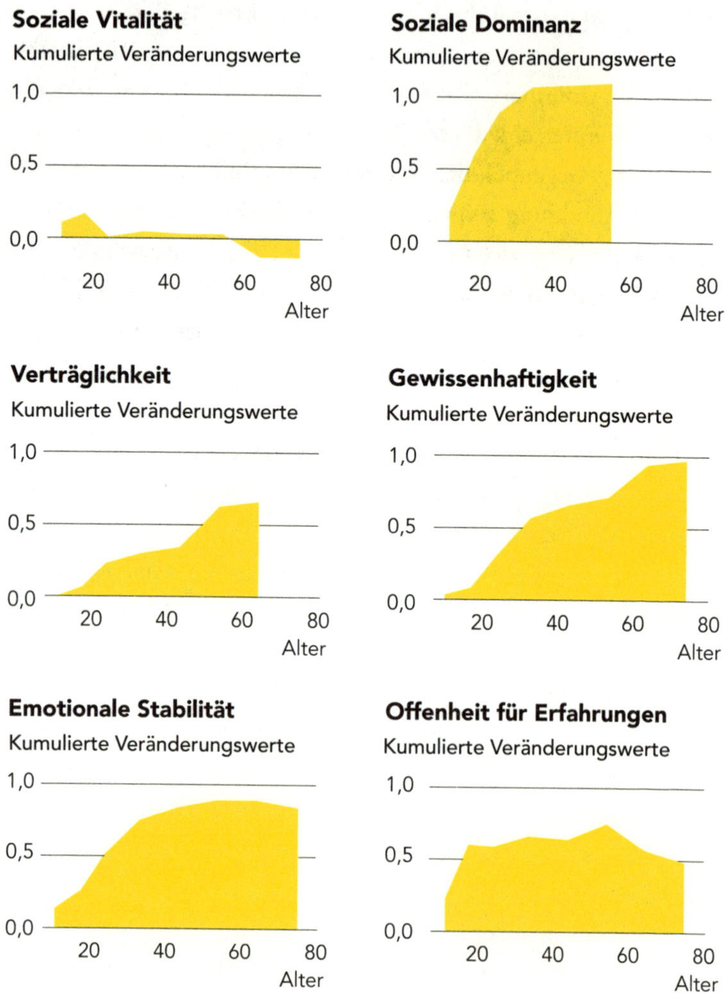

Abbildung 2. Persönlichkeitsentwicklung

Veränderung im Agens und Autor

Neben den fünf Hauptfaktoren der Persönlichkeit verändern sich im Laufe des Lebens auch die charakteristischen Anpassungen und das Lebensnarrativ. Wenn ich Sie beispielsweise im Alter von 20 Jahren nach Ihren Lebenszielen gefragt hätte, hätten Sie mir vermutlich andere Lebensziele genannt, als Sie mir heute nennen würden. Mit 20 Jahren wollten Sie vielleicht – genauso wie ich – einmal im Leben nach Australien gereist sein. Mit 30 Jahren wollten Sie möglicherweise finanziell auf eigenen Beinen stehen. Mit 40 Jahren ist es Ihnen vielleicht wichtig, dass Sie Ihre Kinder auf dem Weg zu glücklichen und verantwortungsvollen Menschen bestmöglich unterstützen. Und mit 50 Jahren werden vielleicht nochmals ganz andere Lebensziele bedeutsam, und mit 60 Jahren, 70 Jahren und 80 Jahren werden wiederum andere Lebensziele in den Vordergrund treten. Lebensziele hängen folglich immer von dem Kontext und von der Lebensphase ab, in der sich Personen befinden.[61]

Auch das Lebensnarrativ kann sich im Laufe des Lebens verändern.[62] Mit 20 Jahren hätten Sie mir vielleicht eine andere Geschichte erzählt, wie Sie wurden, wer Sie sind, als Sie dies mit 40 Jahren tun. Und doch steckt in all dieser Veränderung immer ein Teil von Ihnen. Sie werden vermutlich keine komplett andere Geschichte erzählen und keine komplett andere Person sein. Der innere rote Faden bleibt der gleiche, aber er gestaltet sich anders aus. Nimmt unterschiedliche Rotschattierungen an – von hellrosa bis dunkelrot. Aber es bleibt immer Ihr roter Faden, Ihre Identität, die sich durch Ihr Leben zieht.

Persönlichkeit und Liebe

Persönlichkeit und Liebe hängen miteinander zusammen. Denn unsere Persönlichkeit drückt sich in unserem Beziehungsalltag aus, etwa in der Art, wie wir miteinander kommunizieren oder wie wir Konflikte austragen. Ein Ziel der Beziehungsforschung ist es, herauszufinden, wie Personen und ihre Beziehungen genau miteinander zusammenspielen. Prägt die Persönlichkeit die Beziehung oder prägt die Beziehung die Persönlichkeit? Oder prägt sich beides gegenseitig? Um sich diesen Fragen anzunähern, wird in der Forschung mit Theorien gearbeitet. Ich möchte Ihnen zwei prominente Vertreter dieser Theorien vorstellen: das Interdependenz-Modell und das Vulnerabilitäts-Stress-Anpassungsmodell.

Alles hängt mit allem zusammen: Das Interdependenz-Modell

Das Interdependenz-Modell geht auf die Forschenden Harold H. Kelley und John W. Thibaut zurück.[63] Im Zentrum des Modells stehen die positiven Aspekte oder der Nutzen, den Partner:innen aus ihrer Beziehung ziehen. Dieser Nutzen ist höchst subjektiv und wird an zwei Standards gemessen: Der erste Standard ist das allgemeine Vergleichsniveau, welches die individuelle Erwartungshaltung einer Person ausdrückt. Diese Erwartungshaltung ist Teil der Persönlichkeit und beschreibt, was eine Person denkt, dass ihr in einer Beziehung zustünde. Eine stellvertretende Frage wäre hier: »Steht mir mehr zu, als ich in der aktuellen Beziehung bekomme?« Der zweite Standard ist das Vergleichsniveau der Alternativen. Dieses beschreibt die wahrgenommene Qualität, die alternativen Partner:innen beigemessen wird. Eine stellvertretende Frage wäre hier: »Wie gut würde es mir in einer anderen Beziehung gehen?« Es lässt sich erahnen, dass vor allem jene Personen in ihrer Beziehung glücklich sind, deren Beziehung beiden Vergleichsniveaus standhalten kann: Sie bekommen mehr in der Beziehung, als sie erwarten, und ihre Beziehung sticht alle möglichen Alternativen aus.

Lassen Sie uns das Interdependenz-Modell an dem Beispiel von Emma und Jakob verdeutlichen.[64] Abbildung 3 zeigt zwei Szenarien,

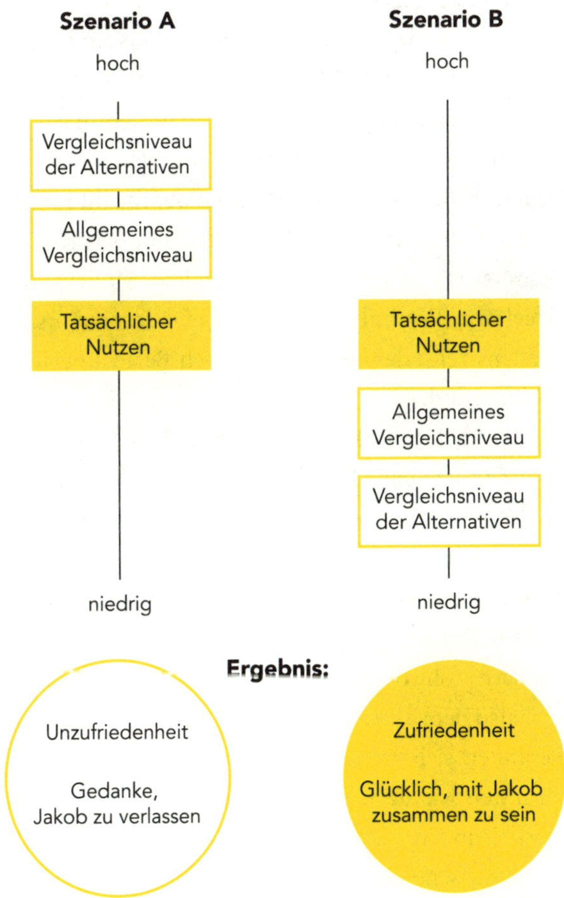

Abbildung 3. Das Interdependenz-Modell

die Emmas aktuell empfundenen Nutzen in ihrer Beziehung darstellen. In Szenario A ist Emmas aktueller Nutzen niedriger als das, was sie allgemein von einer Beziehung erwartet oder denkt, dass ein anderer Partner oder eine andere Partnerin ihr geben könnte. Sie ist somit eher unzufrieden in der Beziehung und erwägt sogar, Jakob zu verlassen. In Szenario B ist Emmas aktueller Nutzen identisch mit dem aktuellen Nutzen aus Szenario A. Allerdings sind hier ihre Vergleichsniveaus andere. Ihre Vergleichsniveaus sind beide niedriger als in Szenario A: Sie hat die Erwartung, dass sie eigentlich weniger von einer Beziehung zu bekommen verdient hätte und auch weniger in einer anderen Beziehung bekommen würde. Sie ist somit zufrieden in ihrer Beziehung mit Jakob, möchte mit ihm zusammenbleiben und zieht keine Alternativen in Betracht.

Was können wir aus dem Interdependenz-Modell für das Zusammenspiel von Persönlichkeit und Liebe lernen? Es sind drei Punkte: Erstens zeigt das Modell, dass sich Beziehungen nicht nur in der Realität, sondern auch im Kopf abspielen. Der aktuelle Nutzen wird gedanklich mit den beiden Vergleichsniveaus abgeglichen. Zweitens verdeutlicht das Modell, dass Beziehungen sehr individuell sind. Meist hilft es wenig, sich zu vergegenwärtigen, was man objektiv an der Beziehung hat (aktueller Nutzen), weil immer die individuellen Erwartungen als Vergleichsniveaus mit reinspielen. Drittens zeigt uns das Beispiel, dass sich die Zufriedenheit mit der Beziehung verändern kann – obwohl es keine Veränderung in den Beziehungserlebnissen, also dem aktuellen Nutzen, gibt. Die Beziehungszufriedenheit verändert sich dann, wenn die Vergleichsniveaus nach oben oder nach unten wandern. Etwa wenn in Emma das Gefühl aufkommt, dass sie in einer anderen Beziehung mehr erhalten könnte.

Zusammenfassend verdeutlicht das Interdependenz-Modell somit, wie relevant nicht nur das Verhalten, sondern auch die Kognitionen und Standards für Beziehungen sind. Umso wichtiger ist, dass

Partner:innen sich immer wieder bemühen, miteinander in Austausch zu treten und die andere Person daran teilhaben lassen, was sich in ihrem Inneren abspielt. Das gelingt im Beziehungsalltag mal besser und mal schlechter – wie das nächste Modell, das Vulnerabilitäts-Stress-Anpassungsmodell, akzentuiert.

Anpassungsleistungen im Alltag: Das Vulnerabilitäts-Stress-Anpassungsmodell

Das Zusammenspiel von Persönlichkeit und Partnerschaft zeigt sich besonders deutlich im Beziehungsalltag. Daher sind die sogenannten *Anpassungsleistungen*, die sich im Alltag eines Paares zeigen, Dreh- und Angelpunkt des Vulnerabilitäts-Stress-Anpassungsmodells.[65] Anpassungsleistungen beschreiben, wie Partner:innen im Alltag miteinander umgehen, wie sie miteinander kommunizieren, wie sie streiten und miteinander lachen können.

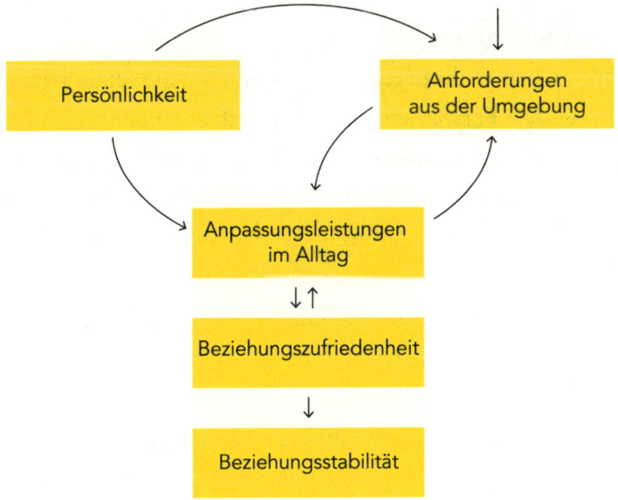

Abbildung 4. Vulnerabilitäts-Stress-Anpassungsmodell

Die Anpassungsleistungen, so das Modell, werden von der Persönlichkeit beider Partner:innen mitbestimmt. Ebenso werden die Anpassungsleistungen von den Anforderungen aus der Umgebung beeinflusst, wie etwa dem täglichen Stressempfinden, und die Anpassungsleistungen beeinflussen ihrerseits die Anforderungen aus der Umgebung. Die Anforderungen aus der Umgebung werden zudem durch die Persönlichkeit beeinflusst, etwa dadurch, dass Personen unterschiedliche Situationen aufsuchen oder Herausforderungen unterschiedlich wahrnehmen. Schließlich hängen die Anpassungsleistungen im Alltag mit der Zufriedenheit der Partner:innen und der Stabilität ihrer Beziehung zusammen: Je positiver die Anpassungsleistungen, desto förderlicher ist das für die Prognose einer Beziehung. Je zufriedener die Partner:innen in ihrer Beziehung sind, desto positiver gestalten sich ihre Anpassungsleistungen. Abbildung 4 veranschaulicht das beschriebene Zusammenspiel. Lassen Sie uns die einzelnen Komponenten der Reihe nach durchgehen.

Der Persönlichkeitsrucksack

Jede Person bringt ihren eigenen Persönlichkeitsrucksack mit in die Beziehung. Die Persönlichkeitseigenschaften einer Person sind weder gut noch schlecht, denn ihre Konsequenzen hängen sowohl vom konkreten Kontext als auch von den Persönlichkeitseigenschaften des Partners oder der Partnerin ab. Während Emma jedem Problem mit Gelassenheit begegnet und zuversichtlich ist, dass sich eine Lösung finden wird, lässt Jakob bei einem Problem nicht locker. Jede Lösung muss akribisch durchdacht werden und keine Lösung ist gut genug. Im Alltag von Emma und Jakob kann es daher bei der Bewältigung von Herausforderungen zu Unstimmigkeiten kommen. Diese Unstimmigkeiten kommen dadurch zustande, dass Emma und Jakob Situationen und Problemen mit unterschiedlichen Lösungsansätzen begegnen. Besonders herausfordernd werden diese unterschiedlichen Ansätze, wenn Emma und Jakob versuchen, ein Problem *gemeinsam* zu lösen. Erst kürzlich stellte es sie vor eine Herausforderung, als ihre ältere Tochter schlechte Noten in Deutsch mit nach Hause brachte. Wie, glauben Sie, haben Emma und Jakob reagiert? Richtig: Während Emma darauf vertraute, dass es schon besser werde, und sie ihrer Tochter vertrauensvoll zuredete, suchte Jakob nach Lösungen, vereinbarte einen Nachhilfetermin und wollte mit der Lehrerin sprechen. Problematisch wurde es, weil Emma Jakob als zu übergriffig und voreilig wahrnahm und Jakob Emma als zu locker und desinteressiert empfand.

Dabei wollten beide dasselbe: Die Schule sollte ihrer Tochter wieder mehr Freude bereiten. Anstatt sich ihrem gemeinsamen Ziel bewusst zu sein und sich darin zu verbünden, dominierten die Unterschiede ihrer Herangehensweise. Denn die Unterschiede führten dazu, dass die Stimmung zwischen Emma und Jakob angespannt war, sie wenig miteinander sprachen und einander aus dem Weg gingen. Beide waren in diesem Moment unzufrieden in ihrer Beziehung, weil sie sich vom Gegenüber missverstanden und nicht gesehen fühlten. Zudem trugen ihre ungünstigen Anpassungsleistungen dazu bei, dass die Anforderungen aus der Umwelt – die schlechten Schulleistungen ihrer Tochter – weiterhin bestehen blieben und sogar verstärkt wurden. Wie wir an diesem Bespiel sehen, ruft die Persönlichkeit ein bestimmtes Muster an Gefühlen, Gedanken und Verhaltensweisen in Personen hervor und trägt dazu bei, dass sie im Beziehungsalltag nach diesem gewohnten Muster reagieren.

Die Umgebung

Die Anforderungen aus der Umgebung wirken in diesen Situationen wie ein Brennglas, unter dem sich das Zusammenspiel zwischen Persönlichkeit und Beziehungsalltag akzentuiert. Wir haben das bei Emma und Jakob gesehen: Unter normalen Bedingungen, wenn keine besonders stressreiche Anforderung aus der Umgebung vorliegt, harmonieren sie in ihrem Beziehungsalltag und erleben ihre unterschiedlichen Persönlichkeiten als unproblematisch. Tritt hingegen äußerer Stress auf, tendieren sie zu ungünstigen Anpassungsleistungen, die eine Lösung des Problems erschweren und zu Spannungen in der Beziehung führen. Äußerer Stress kann in Form einer gemeinsam zu bewältigenden Herausforderung wie den schlechten Schulleistungen der Tochter auftreten, er kann aber auch in Form von finanziellen Sorgen oder beruflichen Problemen vorkommen. Ebenso können temporäre Stressoren, wie ein verspäteter Zug, das Gleichgewicht ins Wanken bringen und dazu führen, dass sich eine Person gereizter als üblich fühlt.[66]

Anpassungsleistungen im Alltag

Wir haben gesehen, dass der Beziehungsalltag mitunter herausfordernd sein kann, insbesondere dann, wenn Persönlichkeitsunterschiede und äußere Stressoren zusammentreffen. Das zeigt sich im Alltag von Emma und Jakob auch in anderen Situationen. Denn während Emma gelassen mit Zeitdruck umgeht, versucht Jakob immer pünktlich zu sein und wird unruhig, wenn sich seine Zeitpläne nicht einhalten lassen. Weil Jakob mit seiner eigenen Reaktion in diesen Situationen oft überfordert ist, macht er Emma für ihr schlechtes Zeitmanagement verantwortlich. Hat sich ein Schuldiger oder eine Schuldige gefunden, lässt sich besser mit den eigenen Empfindungen umgehen – vermeintlich. Denn im Grunde ist nicht die andere Person für die eigene Reaktion verantwortlich, sondern insbesondere die Person selbst. Wir tun also gut daran, uns selbst ausreichend gut zu kennen, um nicht vorschnell die andere Person für unser Empfinden verantwortlich zu machen. Die eigene Persönlichkeit zu kennen hilft, das eigene Fühlen, Denken und Handeln im Beziehungsalltag besser zu verstehen und zu wissen, wie unsere

Persönlichkeit unseren Beziehungsalltag prägt und welche Rolle äußere Stressoren spielen könnten.

Die drei zentralen Persönlichkeitsmerkmale für das Gelingen einer Beziehung

Herauszufinden, welche Persönlichkeitseigenschaften zum Gelingen von Beziehungen beitragen, ist ein Kernelement der Beziehungsforschung. Drei Persönlichkeitsmerkmale haben sich in der Forschung als zentral herauskristallisiert.[67]

Drei bedeutsame Persönlichkeitsmerkmale für das Gelingen von Beziehungen

- Emotionale Stabilität
- Hoher Selbstwert
- Sicherer Bindungsstil

Im Sinne des Vulnerabilitäts-Stress-Anpassungsmodells werden die Gegenpole dieser drei Persönlichkeitseigenschaften – also emotionale Instabilität, tiefer Selbstwert und unsicherer Bindungsstil – auch als Vulnerabilitäten beschrieben.[68] Diese Eigenschaften im Persönlichkeitsrucksack zu haben, stellt ein besonderes Risiko für Beziehungen dar. Das bedeutet jedoch nicht, dass Personen, die diese Vulnerabilitäten besonders ausgeprägt besitzen, keine glücklichen und erfüllenden Beziehungen führen könnten. Aber es bedeutet, dass diese Personen besonders achtsam sein müssen und sich in ihrem Beziehungsalltag vielleicht etwas mehr anstrengen müssen als Personen, die mit einer geringen Ausprägung dieser Vulnerabilitäten ausgestattet sind.

Emotionale Stabilität

Die erste Kerneigenschaft für das Gelingen einer Partnerschaft ist die *emotionale Stabilität*. Wir haben dieses Merkmal bereits bei den fünf Hauptfaktoren der Persönlichkeit kennengelernt. Denn das Gegenstück zu emotionaler Stabilität ist die emotionale Instabilität, auch Neurotizismus genannt. Personen, die zu emotionaler Instabilität neigen, haben die Tendenz, viel zu grübeln und negativen Gedanken nachzuhängen. Sie sehen die Welt und ihre Mitmenschen durch eine negativ gefärbte Brille. Alles wird ein klein wenig schlechter, dunkler und kritischer gesehen. Wie sind emotional instabilere Personen in ihren Beziehungen?

Studien zeigen, dass emotional instabilere Personen dazu neigen, ambivalente und mehrdeutige Situationen auf eine bestimmte Art und Weise zu interpretieren.[69] Lassen Sie uns das an einem Beispiel verdeutlichen: Emma sagt zu Jakob, dass sie am Wochenende mit Freundinnen verreisen werde. Wie interpretiert Jakob diese Aussage? Es gäbe mindestens folgende drei Interpretationsmöglichkeiten: Erstens könnte Jakob denken, dass es in Emmas Freundeskreis momentan einfach viele soziale Anlässe gäbe. Zweitens könnte er denken, dass sie beide die Auffassung teilen, dass eine Beziehung Raum für eigene Aktivitäten zulassen sollte. Drittens könnte Jakob denken, dass es Emma zu langweilig und eintönig sei, Zeit mit ihm zu verbringen. Personen, die emotional instabiler sind, neigen zu der letzten der drei Interpretationsmöglichkeiten. Sie neigen dazu, eine doppeldeutige Situation – also eine Situation, die mehrere Interpretationsmöglichkeiten zuließe – in einer systematischen Weise zu interpretieren: negativ, auf sich bezogen und in dem Sinne, dass sie nicht liebenswert seien.

Diese Art der Interpretation wird daher auch als *beziehungsspezifische Interpretationsverzerrung* bezeichnet.[70] Die Realität wird nicht so wahrgenommen und interpretiert, wie sie tatsächlich ist oder wie sie auch sein könnte, sondern in einer negativen Art und Weise. Gewiss hat jede und jeder von uns Tage, die besser oder schlechter laufen. Daher hat jede und jeder auch Momente, in denen er oder sie zu einer negativeren Interpretation als üblich neigt. Aber das Zentrale bei emotional instabileren Personen ist, dass sie häufig und verstärkt dazu neigen, ihre Umgebung und sich selbst negativ wahrzunehmen und zu beurteilen.

Es ist leicht vorstellbar, dass es bei dieser Art der Interpretation für Partner:innen von emotional instabileren Personen nicht immer leicht ist, wohlwollend und konstruktiv darüber zu sprechen, wie es tatsächlich ist. Die schnelle, negative Interpretation hat den Sachverhalt – vermeintlich – schon eingeordnet und die entsprechenden Schutzmechanismen, wie Rückzug oder Liebesentzug, hochgefahren. Aber dieser Selbstschutz ist trügerisch und insofern problematisch, als er eine echte Begegnung erschwert, in der beide Partner:innen ihre Wünsche, Bedürfnisse und Ängste, die eine bestimmte Situation ausgelöst hat, miteinander teilen.

Wie können diese festgefahrenen Muster überwunden werden? Bei vorschneller Interpretation – die allen Personen und nicht nur emotional instabileren Personen passieren kann – ist es wichtig, einen Schritt zurückzutreten und Kopf und Herz für einen Moment abkühlen zu lassen. Einmal durchatmen und sich dann fragen: »Welche weiteren Interpretationsmöglichkeiten gibt es für die Situation?« Durch ein wohlwollendes Umdenken können wir den negativen Interpretationsverzerrungen zuvorkommen und aus festgefahrenen Denkmustern im Beziehungsalltag herausfinden.[71]

Übung 4. Negativen Interpretationen zuvorkommen

Denken Sie an eine Situation, die Sie kürzlich in Ihrer Beziehung erlebt haben und die mehrere Interpretationsmöglichkeiten angeboten hat. Vielleicht helfen Ihnen folgende Beispiele dabei, eine solche Situation zu finden:

- Ihre Partnerin schreibt Ihnen, dass sie heute später vom Arbeiten nach Hause kommt.
- Ihr Partner kommt nach Hause, begrüßt Sie nur flüchtig und geht dann in sein Arbeitszimmer.

Schreiben Sie die Situation, die Ihnen in den Sinn kommt, auf und notieren Sie alle Interpretationsmöglichkeiten. Versuchen Sie dabei, sich nicht selbst zu zensieren. Das heißt, lassen Sie zu, dass Ihnen auch vermeintlich sinnlose oder schmerzhafte Interpretationen in den Sinn kommen. Beantworten Sie dann folgende Fragen:

- Welche Interpretation würde der kritische Teil in Ihnen wählen?
- Welche würde der wohlwollende Teil in Ihnen wählen?
- Wie sieht es aus, wenn Sie Ihren Partner oder Ihre Partnerin nach den Gründen seines oder ihres Verhaltens fragen?
- Was wäre, wenn Sie Ihrem Partner oder Ihrer Partnerin die Ängste und Sorgen mitteilen, die diese Situation möglicherweise in Ihnen ausgelöst hat?

Indem wir unsere vorschnellen, negativen Gedanken liebevoll in Schach halten und immer wieder mit der Realität abgleichen, können wir dazu beitragen, dass uns die emotionale Instabilität keinen Spuk treibt. Allerdings sollte auch gesagt sein: Eine kleine Dosis emotionaler Instabilität ist gut. Zwar sind Personen mit sehr hohen Werten in emotionaler Instabilität – ebenso wie ihre Partner:innen – unzufriedener in ihren Beziehungen, aber interessanterweise sind auch Personen mit sehr niedrigen Werten in emotionaler Instabilität – ebenso wie ihre Partner:innen – unzufriedener in ihren Beziehungen.[72] Denn Personen, die alles an sich abprallen lassen und keine emotionale Resonanz zeigen, sind keine angenehmen Beziehungspartner:innen. Eine kleine Dosis emotionaler Instabilität ermöglicht, lebendig und fühlend auf das zu reagieren, was in der Beziehung passiert. Denn stellen Sie sich vor, Jakob würde vollkommen neutral und gleichgültig reagieren, wenn Emma am Wochenende verreist oder ihre Unzufriedenheit mit einer bestimmten Situation äußert. Seine Gleichgültigkeit könnte nicht nur Verwunderung bei Jakob selbst auslösen (»Was bedeutet mir Emma eigentlich noch?«), sondern auch Emma daran zweifeln lassen, wie wichtig die Beziehung für Jakob ist. Beide wären zum Zweifeln angeregt, was weitere Unzufriedenheit nach sich ziehen könnte.

Hoher Selbstwert

Lassen Sie uns zur zweiten Kerneigenschaft für das Gelingen von Beziehungen übergehen: ein *hoher Selbstwert*. Ganz generell beschreibt der Selbstwert einer Person den Wert, den sich die Person subjektiv zuschreibt.[73] Der Selbstwert einer Person wird typischerweise mit der *Rosenberg Self-Esteem Scale* erfasst.[74] Wichtig ist jedoch, dass ein hoher Selbstwert nicht mit Gefühlen der eigenen Grandiosität gleichzusetzen ist, die dem Narzissmus zuzuschreiben sind. Ein hoher Selbstwert beschreibt Gefühle der Selbstakzeptanz, des Respekts und der Wertschätzung sich selbst gegenüber. Eine gesunde Bejahung des eigenen Selbst. Ich mag mich so, wie ich bin. Was mögen Sie an sich?

Übung 5. Was mag ich an mir?

Nehmen Sie sich einen Moment Zeit und schreiben Sie drei Eigenschaften auf, die Sie selbst an sich mögen oder auf die Sie stolz sind.

Die relevanten Worte in Übung 5 sind »Sie selbst«, und das entscheidende Wort in der Definition des Selbstwerts ist das Wort »subjektiv«. Denn der Selbstwert, den sich eine Person zuschreibt, spiegelt nicht notwendigerweise die tatsächlichen Talente und Fähigkeiten einer Person wider. Auch geht es beim eigenen Selbstwert nicht darum, wie andere Personen die Person bewerten. So würde Jakob beispielsweise von sich sagen, dass er einen niedrigen Selbstwert hat; er ist nicht sonderlich stolz auf sich und hat eher das Gefühl, in vielen Lebensbereichen so mittelmäßig, aber in keinem Bereich so richtig gut zu sein. Er fühlt sich oft wenig liebenswert. Würden wir hingegen die Freund:innen von Jakob befragen, so würden sie von Jakobs Talent zu zeichnen sprechen und davon, wie nachsichtig und warmherzig er mit anderen umgeht. Sie würden davon berichten, wie sehr sie ihn schätzen. Gerade bei Personen mit niedrigem Selbstwert tut sich daher oft eine Kluft zwischen Wahrnehmung und Wirklichkeit auf. Denn Personen mit einem niedrigen Selbstwert fühlen sich oft negativer gesehen und weniger geliebt, als das tatsächlich der Fall ist.[75]

Aber wodurch entsteht überhaupt ein hoher oder niedriger Selbstwert? Eine zentrale Theorie ist hier die *Soziometertheorie*.[76] Sie besagt, dass der Selbstwert Teil eines psychologischen Systems ist. Dieses System hat zum Ziel, das eigene Bedürfnis nach sozialem Eingebundensein zu überwachen. Dies war evolutionspsychologisch sinnvoll, denn für die Weitergabe der eigenen Gene war es wichtig, dass man in eine Gemeinschaft eingebunden war. Nur so konnte der Nachwuchs sicher und geschützt überleben. Ein hoher Selbstwert drückt folglich aus, dass sich eine Person in ihrem sozialen Netzwerk eingebunden fühlt, während ein niedriger Selbstwert zum Ausdruck bringt, dass sich eine Person in ihrem sozialen Netzwerk weniger eingebunden fühlt.

Vielleicht haben Sie selbst schon die Erfahrung gemacht, dass Ihr eigener Selbstwert abhängig davon ist, was andere sagen oder denken: Erfahre ich viel Wertschätzung und Anerkennung von außen, so ist das Balsam für das Selbstwertgefühl. Erfahre ich jedoch viel Ablehnung und Kränkung, so kann das schmerzhaft sein und am Selbstwert nagen. Das kennen wir alle. Förderlich wäre es jedoch, wenn das eigene Selbstwertgefühl keine allzu großen Schwankungen in Reaktion auf äußere Geschehnisse erfährt. Dies ist insbesondere deshalb förderlich, weil die äußeren Geschehnisse nie ganz objektiv bewertet werden können, sondern immer durch die eigene Wahrnehmungsbrille laufen, etwa: »Mein Nachbar hat mich heute Morgen nicht gegrüßt, mag er mich nicht mehr?«, oder: »Meine Partnerin weicht mir aus, ich muss etwas falsch gemacht haben.«

Oft sind wir in unserer eigenen Wahrnehmung viel zu kritisch. Vielleicht hat Ihr Nachbar gerade eine schlechte Nachricht erhalten und war mit seinen Gedanken ganz woanders? Und vielleicht möchte Ihre Partnerin Ihnen etwas Schönes mitteilen, wartet den richtigen Moment ab und tigert daher nervös in der Wohnung herum? Ein gefestigter und stabiler Selbstwert kann dabei helfen, die Vielfalt dieser Interpretationen nicht zu nah an sich herankommen zu lassen.

Es ist leicht vorstellbar, dass der Selbstwert relevant für Beziehungen ist. Denn wie sich Personen subjektiv bewerten, beeinflusst, wie sie sich fühlen, wie sie denken und wie sie sich verhalten. Wenn eine Person permanent das Gefühl hat, nicht liebenswert zu sein, wird sie schnell verunsichert sein. Denn Personen mit einem geringen Selbstwert sind empfindsamer für die Signale, die sie aus der Umgebung erhalten.[77] Sie zweifeln schneller an sich und ihrer Beziehung, was dazu führen kann, dass sie sich aus der Beziehung zurückziehen. Über die Zeit hinweg werden Personen mit einem geringen Selbstwert zunehmend unzufriedener und fallen immer stärker der Auffassung anheim, dass sie nicht liebenswert seien.[78] Ein geringer Selbstwert ist damit ein kleiner Selbstzweifelfilter und Saboteur, der Personen davon abhält, aus dem Vollen und Schönen zu schöpfen, das sie umgibt, wie etwa der tatsächlichen Zuneigung des Partners oder der Partnerin. Stattdessen sitzt ein kleines Teufelchen auf der Schulter, das verunsichernde Sätze ins Ohr flüstert und am eigenen Selbstwert nagt. Das kann nicht nur für die Person selbst, sondern auch für den Partner oder die Partner mitunter herausfordernd sein.

Wir sehen diese Herausforderungen auch in der Beziehung von Emma und Jakob. Emma hat einen hohen Selbstwert, während Jakob von sich sagen würde, dass er einen niedrigen Selbstwert hat. Wenn Emma nach dem Arbeiten nach Hause kommt und erst mal ihre Sportkleidung anzieht, um joggen zu gehen, so kann das von Jakob als kränkend empfunden werden. Er hat den Eindruck, dass das Laufen für Emma wichtiger sei als die gemeinsam verbrachte Zeit mit ihm. Jakob beginnt, an Emmas Zuneigung zu zweifeln. Er zieht sich zurück und verhält sich kühl, um seine Kränkung nicht zeigen zu müssen. Dies wiederum kann Emma im besten Fall irritieren und im ungünstigsten Fall verärgern oder sie ihrerseits zweifeln lassen. Damit befinden sich Emma und Jakob in einem Teufelskreis, der zu Verunsicherung und Distanz auf beiden Seiten führt.

Was können Personen mit einem niedrigen Selbstwert tun und wie können ihre Partner:innen reagieren? Hilfreich ist es, wenn sich Emma und Jakob dieses Teufelskreises bewusst werden. Dass sie voneinander wissen, was sie jeweils in der anderen Person auslösen, und sorgsam mit diesen Empfindungen umgehen. Beispielsweise kann es förderlich sein, zu fragen: »Jakob, was brauchst du von mir, dass es dir gut geht?«, und ihn gleichzeitig wissen zu lassen: »Nach einem anstrengenden Arbeitstag brauche ich einen Moment für mich draußen in der Natur, damit es mir gut geht.« Dieser Austausch ermöglicht, die Bedürfnisse der anderen Person zu kennen und nicht der Tendenz zu verfallen, das Verhalten der anderen Person gegen sich zu interpretieren. Das gemeinsame Gespräch kann ein Korrektiv gegen die eigene Verunsicherung sein, um einander spüren zu lassen: »Ich mag dich so, wie du bist.«

Sicherer Bindungsstil

Die dritte Kerneigenschaft für das Gelingen einer Partnerschaft ist ein *sicherer Bindungsstil.* Die Basis für den Bindungsstil wird in der Kindheit gelegt. Kinder, die einen sicheren Hafen spüren, entdecken mutig ihre Umgebung und kehren immer wieder in ihren sicheren Hafen, zu ihrer Bezugsperson, zurück, wenn sie ängstlich sind.[79] In den 1960er-Jahren hat die Forscherin Mary Ainsworth dieses Verhalten bei Kindern in beeindruckenden Studien beobachtet.[80] Im Laufe des Spielens verabschiedete sich die Bezugsperson, damals immer die Mutter, von ihrem Kind und ging für kurze Zeit aus dem Raum. Die Versuchsleiterin und das Kind blieben alleine und spielten weiter. Ob ein Kind sicher gebunden war, zeigte sich in dem Moment, in dem die Bezugsperson zurückkam. Reagierte das Kind offen und liebevoll auf das Zurückkommen der Mutter, war das Kind eher sicher gebunden. Wie reagierten die unsicher gebundenen Kinder?

Hier lassen sich zwei Stile unsicherer Bindung ausmachen: ängstlich und vermeidend gebundene Kinder. Ängstlich gebundene Kinder umklammerten die Mutter beim Zurückkommen und weinten. Vermeidend gebundene Kinder beachteten die Mutter nicht, sie ignorierten sie förmlich. Unsicher gebundene Kinder reagierten in dieser Form, weil sie die Erfahrung gemacht hatten, dass sie sich nicht auf ihre Bezugsperson und deren Liebe verlassen konnten. Während die einen mit Klammern reagierten, reagierten die anderen mit Ignorieren. Beide Kinder zeigten jedoch Verlustängste, die sie auf unterschiedliche Weise ausdrückten.

Das Konstrukt der Bindung wird daher als ein Kontinuum mit zwei Polen verstanden, wie Abbildung 5 veranschaulicht. Auf der einen Seite ist der Pol mit dem sicheren Bindungsstil und auf der anderen Seite ist der Pol mit dem unsicheren Bindungsstil, der sich als ängstlich gebundener Bindungsstil und vermeidend gebundener Bindungsstil ausdrücken kann. Zur Erfassung des Bindungsstils wird typischerweise die Skala *Experiences in Close Relationship Structures* verwendet.[81]

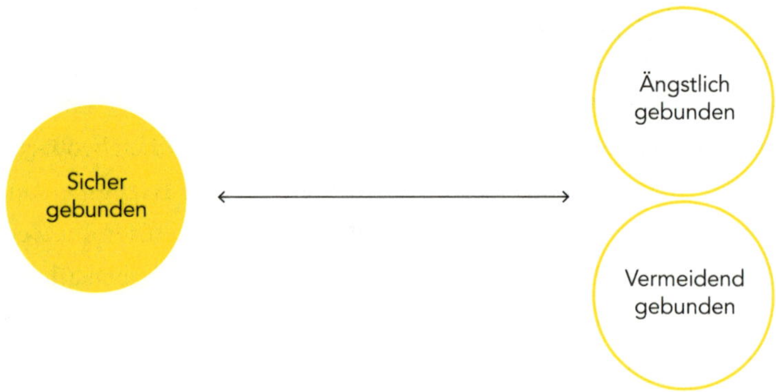

Abbildung 5. Die zwei Seiten der unsicheren Bindung

Unser Persönlichkeitsrucksack wird zum Teil zwar in der Kindheit gepackt, aber wir tragen ihn auch als Erwachsene mit uns. Dabei werden Bindungsstile nicht nahtlos vom Kindesalter ins Erwachsenenalter übertragen, denn oft sind gerade die Freundschaftsbeziehungen im Jugendalter für den späteren Bindungsstil entscheidend. Sie vermitteln zwischen dem, was in der Kindheit war, und dem, was im Erwachsenenalter kommen wird. Personen können so durch neue Beziehungserfahrungen neue Bindungsstile entwickeln.[82] Aber diese Entwicklung ist kein schnelles und einfaches Unterfangen, sondern gestaltet sich über Jahre – und braucht Geduld. Sind Personen beispielsweise ängstlich gebunden, müssen sie erst die Erfahrung machen, dass sie ihrem Gegenüber wirklich vertrauen können. Nicht einmal, nicht zweimal, nicht dreimal, sondern viele wiederholte Male. Erst dadurch kann sich etwas in ihnen und ihrem Bindungsstil verändern.

Der Bindungsstil zeigt sich auch in der Partnerschaft.[83] Sicher gebundene Personen fühlen sich in ihrer Beziehung tendenziell geborgen und gut aufgehoben. Sie vertrauen ihrem Partner oder ihrer Partnerin und nehmen die Beziehung als sicheren Hafen wahr. Unsicher gebundene Person hingegen müssen immer wachsam sein, weil sie um den Verlust der Liebe fürchten.[84] Ängstlich gebundene Personen reagieren daher mit klammerndem Verhalten, was sich in Eifersucht, Zweifeln oder einem Kontrollieren des Partners oder der Partnerin äußern kann. Vermeidend gebundene Personen geben wenig von sich preis und versuchen, sich nicht zu binden – aus Angst, diese Bindung wieder verlieren zu können.

Nun kann man sich gut vorstellen, dass Beziehungen herausfordernder sind, wenn Personen konstant an der Liebe der anderen Person zweifeln und kontrollieren oder aber solche Angst haben, die andere Person zu verlieren, dass sie sich gar nicht erst auf die Beziehung einlassen. Aber ähnlich wie bei der emotionalen Instabilität, so hat auch ein unsicherer Bindungsstil seine guten Seiten – nicht unbedingt für die Person selbst, aber für Personen im Umfeld, wie den Partner oder die Partnerin. Beispielsweise sind Personen, die unsicher gebunden sind, aufmerksamer gegenüber möglichen Zeichen einer Bedrohung.[85] Dies wiederum kann vor tatsächlich vermeidbaren Gefahren schützen oder dazu führen, dass Spannungen in der Beziehung früher wahrgenommen und angesprochen werden. Es kommt also auch hier auf das richtige Maß an.

Persönlichkeit und Liebe: Ein komplexes Zusammenspiel

Wir haben durch Emma und Jakob erfahren, was die Persönlichkeit ist, wie sie sich im Laufe des Lebens entwickelt und wie Persönlichkeit und Liebe miteinander zusammenspielen. Wir haben dabei drei Eigenschaften der Persönlichkeit kennengelernt, die für Beziehungen besonders bedeutsam sind: emotionale Stabilität, ein hoher Selbstwert und ein sicherer Bindungsstil beziehungsweise ihre Gegenpole emotionale Instabilität, ein niedriger Selbstwert und ein unsicherer Bindungsstil. Wir haben auch gesehen, dass Persönlichkeitseigenschaften weder allgemein gut noch schlecht sind, weil es immer auch auf den Kontext und die äußeren Stressoren ankommt. Und Persönlichkeitseigenschaften sind vor allem eines nicht: deterministisch. Persönlichkeitseigenschaften lassen sich als Tendenzen und Vorhersagen bestimmter Muster von Fühlen, Denken und Handeln verstehen. Entscheidend dafür, wie sich diese Tendenzen im Beziehungsalltag tatsächlich ausgestalten, sind immer das individuelle Paar und der spezifische Kontext, in dem sich das Paar befindet. Der Begriff Tendenz beinhaltet auch, dass die Persönlichkeit nicht in Stein gemeißelt ist. Personen haben die Möglichkeit, sich zu verändern. Manchmal ist die Veränderung leichter und manchmal ist sie schwerer. Aber die Möglichkeit der Entwicklung ist da. Was braucht es, dass Persönlichkeitsentwicklung in der Beziehung gelingt?

03

Gemeinsames Wachstum

Wie sich die Persönlichkeit in der Beziehung entwickeln kann

Stetiges Werden

Zu Emma und Jakob gesellen sich nun Selma und Georg. Selma ist 50 Jahre und Georg ist 55 Jahre. Sie sind seit 30 Jahren ein Paar und haben keine Kinder. Beide haben sich im Laufe ihrer Beziehung entwickelt, so wie wir uns alle im Laufe von Beziehungen entwickeln. Aber manchmal ist es gar nicht so leicht, genau zu benennen, wie wir uns entwickelt haben. Ich möchte Sie daher zu Beginn dieses Kapitels zu einer Reflexionsübung einladen.

Übung 1. Wie habe ich mich in meiner Beziehung entwickelt?

Nehmen Sie Ihr Notizbuch zur Hand und denken Sie über folgende Fragen nach:

- Wie haben Sie sich durch Ihre aktuelle Beziehung verändert?
- Welche Person waren Sie vor der Beziehung und welche Person sind Sie nun?

Vielleicht sind Ihnen einige Aspekte an Ihnen aufgefallen, die sich verändert haben. Sind Sie geduldiger geworden? Sind Sie gereizter geworden? Sind Sie mutiger oder eher vorsichtiger geworden? Wichtig ist, dass Sie diese Veränderungen erst einmal beobachten – ohne sie zu bewerten. Wir sind sehr gut darin, sofort unsere innere Bewertungsmaschine in Gang zu setzen, die unsere Gedanken fein säuberlich in »gut« und »schlecht« unterteilt. Manchmal ist diese schnelle Bewertung hilfreich, aber oft ist sie es auch nicht. Im Falle der eigenen Selbstentwicklung und Selbstentdeckung versuchen wir diese Bewertungsmaschine für einen Moment abzustellen – oder sie sehr stark herunterzufahren. Denn nicht immer müssen Geduld und Mut gut sein und nicht immer müssen Gereiztheit und Vorsicht schlecht sein. Versuchen Sie daher, sich möglichst wertfrei zu beobachten.

Oft ist es auch gar nicht so leicht, selbst festzustellen, ob und wie wir uns verändert haben. Ich möchte Sie daher zu einer zweiten Übung einladen. Bei dieser geht es nun nicht mehr um Ihre eigene Einschätzung, sondern um die Einschätzung durch andere Personen aus Ihrem Umfeld.

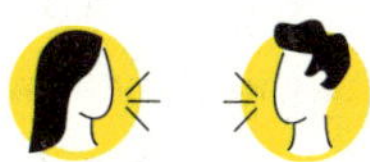

Übung 2. Was denkst du: Wie habe ich mich in meiner Beziehung entwickelt?

Stellen Sie nahestehenden Personen aus Ihrem Umfeld, etwa Ihrer besten Freundin, dem guten Arbeitskollegen, Ihrer Schwester oder Ihrem Partner, folgende Fragen:

- »Hat mich meine Beziehung verändert?«
- »Wie war ich vor der Beziehung?«
- »Wie bin ich jetzt?«

Beide Informationsquellen – wie Sie sich selbst einschätzen und wie andere Personen Sie einschätzen – sind wertvoll und vervollständigen das Bild.[86] Versuchen Sie daher, immer mal wieder den Blick über den eigenen Tellerrand zu wagen und andere Personen nach deren Wahrnehmung und Einschätzung zu fragen. So vervollständigt sich das Bild der eigenen Selbstentwicklung.

Der Mensch ist wie eine Pflanze

Es gab eine Phase in der Beziehung von Selma und Georg, da war insbesondere Selma unzufrieden. Es war kurz vor ihrem 40. Geburtstag. Beide standen in der Mitte ihres Lebens und waren beruflich angekommen. Georg leitete ein kleines mittelständisches Büro und Selma war Bauzeichnerin in einem Architekturunternehmen. Auch wenn ihr der Beruf Freude bereitete, beschlich Selma das Gefühl, unerfüllt zu sein. Sie erledigte ihre Aufgaben gründlich und gewissenhaft, war aber zunehmend unzufrieden. Anfänglich wollte sie Georg nichts von dieser leisen Unzufriedenheit mitteilen, weil sie die Sorge hatte, dass er sie als undankbar wahrnehmen würde. Aber da kannte Selma ihren Mann schlecht, denn er spürte, dass etwas mit Selma nicht stimmte. Dass sie mit weniger Elan morgens aufstand und mit weniger Feuer in den Augen abends nach Hause kam.

Selma und Georg fingen an, ausgedehnte Spaziergänge zu unternehmen, lange Gespräche zu führen und dem Gefühl von Selma gemeinsam auf den Grund zu gehen. Nach und nach stellte sich heraus, dass Selma die Sehnsucht hatte, sich stärker selbst zu verwirklichen. Sie hatte so viele Ideen im Kopf, kleine Geschichten, die sie aufschreiben wollte. In ihr sprudelte es vor Kreativität, aber sie konnte ihr kreatives Potenzial nicht ausschöpfen. Und so begann sie Schritt für Schritt, der Kreativität einen Raum zu geben. Was mit einem morgendlichen Ritual anfing – bei einer warmen Tasse Tee eine Seite schreiben –, wurde im Laufe der Zeit immer wichtiger für sie. Sie besuchte Schreibkurse und schrieb ihre ersten Kurzgeschichten und Georg war zu dieser Zeit ihr treuester Leser. Per Zufall geschah es, dass sich ein Verlag für die Geschichten von Selma interessierte, und mittlerweile bringt Selma ihr drittes Buch mit Kurzgeschichten heraus. Bauzeichnerin ist sie weiterhin, aber nur noch an zwei Tagen in der Woche. Die restlichen Tage schreibt sie Kurzgeschichten – und dies mit viel Elan und Feuer in den Augen.

Wir alle haben diese Anteile in uns, die manchmal stiller und manchmal lauter sind und uns vor Augen führen, dass etwas in uns wachsen möchte. In Übung 3 möchte ich Sie einladen, Ihre schlummernden Anteile kennenzulernen.

Übung 3. Was möchte ich in mir entfalten?

Denken Sie über folgende Fragen nach und schreiben Sie Ihre Antworten auf.

- Gibt es Anteile in Ihnen, die Sie als schlummernd wahrnehmen und ausleben möchten?
- Was brauchen Sie, damit Sie diese Anteile ausleben können?

Wichtig, um unser Potenzial entfalten zu können, ist, dass wir einen Zugang zu uns selbst haben. Mehr Ich. Typische Fragen sind hier: »Mit welchem Gefühl stehe ich morgens auf?«, »Lebe ich das Leben, das ich führen möchte?«, »Welche meiner Anteile kann ich aktuell nicht leben?«, »Wie wichtig sind mir diese Anteile?«, »Sind sie mir so wichtig, dass ich bereit bin, etwas an meinen Bedingungen zu ändern?«, »Wenn ja, wie?«

Der Psychologe und Psychotherapeut Carl Rogers verglich den Menschen einmal mit einer Pflanze.[87] Jeder Mensch trage ein Entfaltungspotenzial und -bedürfnis in sich, so Rogers. Wie bei einer Pflanze, so bedarf es auch beim Menschen der richtigen Umgebungsbedingungen, damit sich das Potenzial entwickeln könne. Dementsprechend kommt es auf die richtige Passung zwischen den eigenen Eigenschaften und den Umgebungsbedingungen an. Eine Pflanze kann sich die äußeren Bedingungen nicht aussuchen und muss mit den vorhandenen Bedingungen zurechtkommen. Menschen hingegen sind aktive Gestalter:innen ihrer Umgebungen und können dazu beitragen, dass sie in einer Umgebung sind, die ihrem eigenen Entwicklungspotenzial zuträglich ist. Wie sollte solch eine Umgebung bei Ihnen aussehen?

Übung 4. Was brauche ich, um wachsen zu können?

Lesen Sie sich die folgenden Fragen durch und schreiben Sie Ihre Gedanken dazu auf.

- Wie muss Ihre Umgebung aussehen, damit Sie sich entwickeln können?
- Brauchen Sie eher Ruhe oder vielseitige Inspiration?
- Benötigen Sie eher das Gespräch oder stille Momente?
- Oder benötigen Sie beides, aber einfach zu unterschiedlichen Zeitpunkten?

Finden Sie heraus, welche Umgebungsbedingungen Ihnen guttun!

Wie Person und Umgebung zusammenspielen: Das Persönlichkeits-Transaktionsmodell

Wir sehen, dass Personen und ihre Umgebungen miteinander zusammenhängen. Das Persönlichkeits-Transaktionsmodell akzentuiert diese Wechselwirkung zwischen Personen und Umgebungen, wie etwa der Beziehung.[88] Wie Abbildung 1 veranschaulicht, wird dabei zwischen zwei Arten von Effekten unterschieden. *Selektionseffekte* gehen von der Person auf die Beziehung und beschreiben beispielsweise, wie die Persönlichkeit die Beziehung prägt. *Sozialisationseffekte* zeigen in die entgegengesetzte Richtung - von der Beziehung auf die Persönlichkeit - und beschreiben beispielsweise, wie die Beziehung die Persönlichkeit prägt.

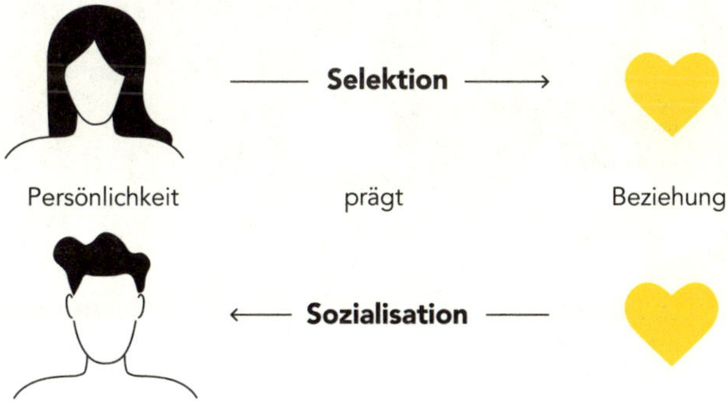

Abbildung 1. Das Persönlichkeits-Transaktionsmodell

In der Forschung werden sechs Mechanismen beschrieben, die spezifisch beschreiben, wie sich die Wechselwirkung zwischen der Person und ihrer Umgebung gestaltet. Diese Mechanismen sind in drei Blöcke aufgeteilt und werden im Folgenden beschrieben. Abbildung 2 visualisiert die Mechanismen.[89]

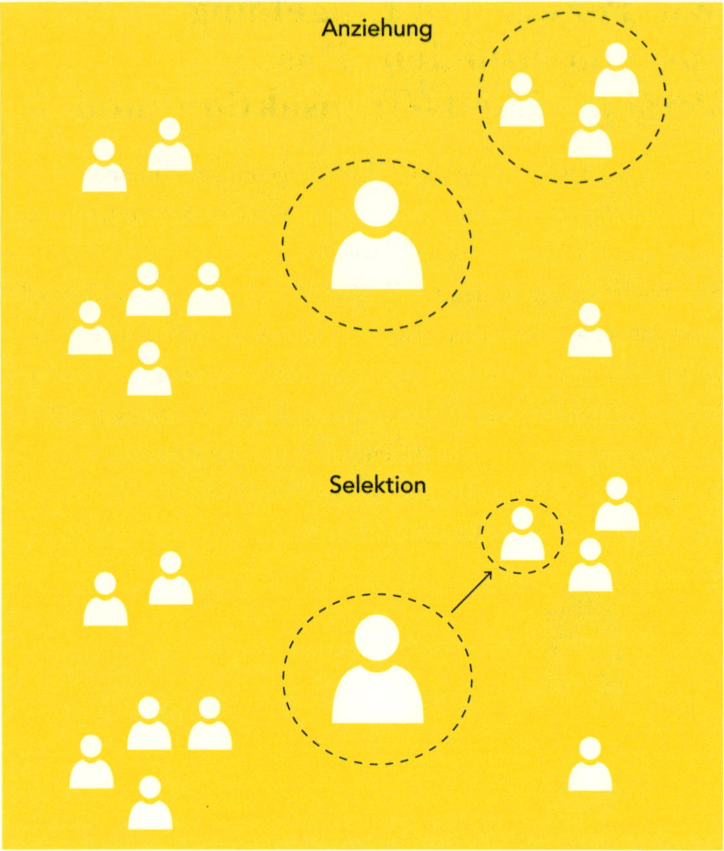

Beim ersten Block geht es darum, wie Personen ihre Umgebungen aussuchen. Personen fühlen sich oft von Umgebungsbedingungen angezogen, die ihrer Persönlichkeit entsprechen (als *Anziehung* beschrieben), und wählen aktiv jene Umgebungsbedingungen aus, die zu ihrer Persönlichkeit passen (als *Selektion* beschrieben). Beispielsweise wird sich eine freiheitsliebende Person eher von einer Umgebung – etwa einer Partnerschaft – angesprochen fühlen, die ihr ausreichend Freiheiten gewährt.

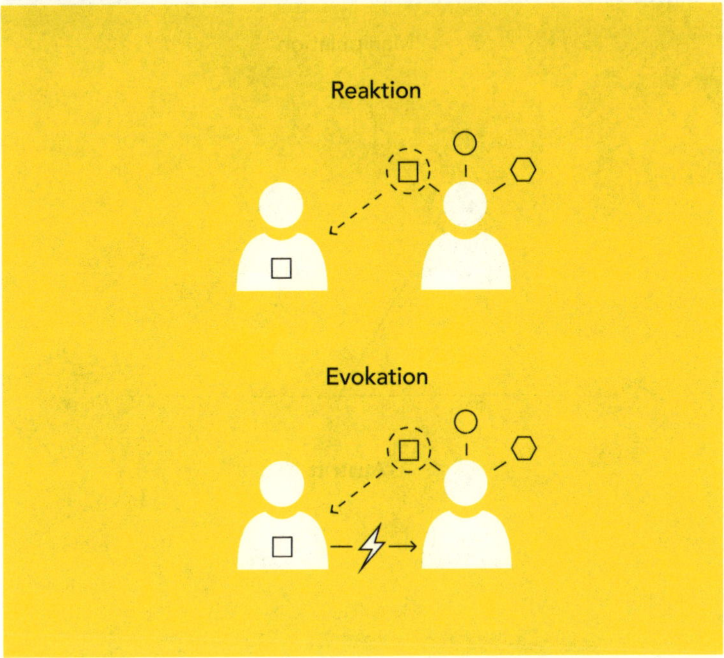

Der zweite Block beschreibt, was passiert, wenn Personen in einer bestimmten Umgebung sind. Personen reagieren tendenziell in einer für sie typischen Art auf die Umgebung und schenken jenen Aspekten Aufmerksamkeit, die für sie relevant sind (als *Reaktion* beschrieben). Eine eher unsicher gebundene Person wird möglicherweise bestimmte Verhaltensweisen ihres Partners oder ihrer Partnerin in besonderem Maße wahrnehmen, als verletzend interpretieren und sich daraufhin zurückziehen. Zudem rufen bestimmte Eigenschaften der Person bestimmte Reaktionen in der Umgebung hervor (als *Evokation* beschrieben). Hier könnte es sein, dass die unsicher gebundene Person bei ihrem Partner oder ihrer Partnerin die Reaktion der Verteidigung hervorruft, weil er oder sie sich durch den Rückzug verunsichert oder angegriffen fühlt.

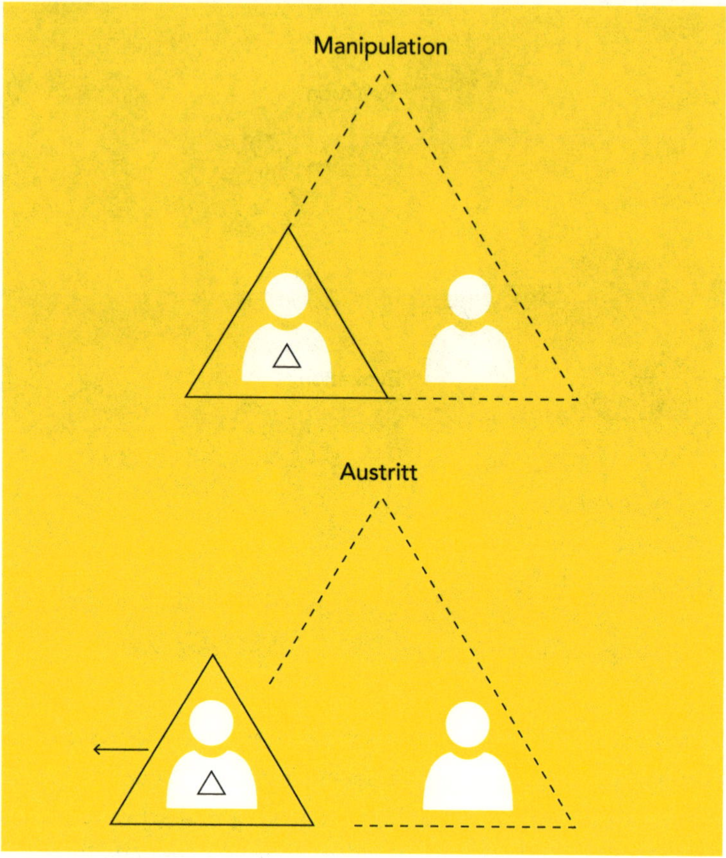

Abbildung 2. Wechselwirkung zwischen Person und Umwelt

Der dritte Block befasst sich damit, wie Personen ihre Umgebung aktiv steuern. Zum einen verändern Personen ihre Umgebungsbedingungen so, dass sie besser zu ihrer Persönlichkeit passen (als *Manipulation* beschrieben). Eine extrovertierte Person wird möglicherweise gemeinsam mit dem Partner oder der Partnerin in eine Wohngemeinschaft ziehen, um mehr Abwechslung und mehr sozialen Austausch zu erleben. Wenn Personen das Gefühl haben, dass sie ihre Umwelt zu sehr verändern müssten, damit diese zu ihrer Persönlichkeit passt (oder die Umgebung nicht verändern können), können sie ihre Umgebung auch verlassen (als *Austritt* beschrieben). Wenn besagte extrovertierte Person das Gefühl hat, dass sie schlicht nicht die Abwechslung und den sozialen Austausch in ihrer Beziehung erfährt, den sie bräuchte, kann es dazu führen, dass sie sich von ihrem Partner oder ihrer Partnerin trennt. Oder sie zieht allein in eine Wohngemeinschaft und bleibt dennoch weiterhin mit ihrem Partner oder ihrer Partnerin zusammen.

Je besser wir uns selbst kennen, desto eher können wir jene Umgebungsbedingungen aufsuchen, die zu uns passen. Oder wenn wir merken, dass sich die Umgebungsbedingungen nicht stimmig anfühlen, können wir beginnen, die Umgebung aktiv zu verändern, oder diese im Zweifelsfall verlassen. Manchmal gibt es jedoch auch Momente, in denen wir unsere Umgebung nicht aktiv verändern oder aus ihr austreten können. Dann kann es hilfreich sein, uns *Teilen* der Umgebung zuzuwenden und diese so anzupassen, dass sie eher zu unserer Persönlichkeit passen.

Lassen Sie uns das an einem Beispiel verdeutlichen: Wenn ich beispielsweise eine ruhige und introvertierte Person bin, aber in einer Großfamilie mit viel Trubel lebe, so möchte ich diese Familie weder ändern noch verlassen. Aber ich möchte mir Häfen der Stille schaffen, in denen die Ruhe der Umgebung stärker zur Ruhe meiner Persönlichkeit passt. Sei es, dass ich morgens vor allen anderen aufstehe und mir zehn Minuten Zeit für mich nehme oder mich abends, wenn alle schlafen, mit einem Buch aufs Sofa setze und mich wieder sammle. Entscheidend ist, dass wir aktiv bleiben. Dass wir nicht warten, bis die Umgebung eine andere ist, sondern dass wir aktiv beginnen, Aspekte in der Umgebung oder in uns so zu gestalten, dass sie zueinander passen.

Im Sinne der Selbstentwicklung können wir aber auch gezielt beginnen, Umgebungsbedingungen aufzusuchen, die uns herausfordern und dazu beitragen, dass wir unsere Persönlichkeit weiterentwickeln können. Beispielsweise könnte eine eher unsichere Person gezielt eine Umgebungsbedingung aufsuchen, die sie herausfordert und in ihrer Entwicklung anstößt. So könnte sie etwa die Position des Vorstandsvorsitzenden oder der Vorstandsvorsitzenden in einem gemeinnützigen Verein übernehmen und durch die neue Rolle und die neuen Situationen, die sie dadurch erlebt, im Laufe der Zeit selbstsicherer in diesen Situationen werden.

Dabei kann es hilfreich sein, den Partner oder die Partnerin miteinzubeziehen und an den eigenen Entwicklungszielen teilhaben zu lassen. Partner:innen können sich so Verbündete in der eigenen Entwicklung sein und sich gegenseitig die Beziehungsumgebung schaffen, die sie benötigen, um sich entwickeln zu können. Dafür ist es gut, zu wissen, welche Beziehungsumgebung der Selbstentwicklung zuträglich ist.

Übung 5. Welche Beziehungsumgebung tut mir gut?

Nehmen Sie Ihr Notizbuch zur Hand und notieren Sie sich Ihre Antworten zu folgenden Fragen:

- Wie sollte Ihr Beziehungsalltag idealerweise aussehen, damit Sie sich entwickeln können?
- Brauchen Sie eher Harmonie oder Reibung mit Ihrem Partner oder Ihrer Partnerin? Oder beides?
- Welches Verhalten Ihres Partners oder Ihrer Partnerin tut Ihrer Selbstentwicklung gut?

- Welches Verhalten Ihres Partners oder Ihrer Partnerin tut Ihrer Selbstentwicklung nicht gut?
- In welchen Momenten spüren Sie, dass Sie sich weiterentwickeln können?
- Was können Sie selbst dazu beitragen, dass Sie Momente der Selbstentwicklung in Ihrer Beziehung verstärkt erleben?

Das, was Personen brauchen, um sich entwickeln zu können, ist verschieden. Finden Sie für sich heraus, welche Bedingungen Sie im Beziehungsalltag brauchen und wie Sie sich als Partner:innen gegenseitig Verbündete sein können.

Sich gegenseitig Verbündete sein

»Wäre meine Partnerin doch nur ordentlicher, dann wäre alles viel leichter.« »Wäre mein Partner doch nur ausgelassener, dann wären wir viel glücklicher.« Kennen Sie solche oder ähnliche Gedanken von sich? Dann sind Sie damit nicht allein. Denn Studienergebnisse zeigen, dass sich 98 Prozent der befragten Personen daran erinnert haben, dass sie in den letzten sechs Monaten etwas an ihrem Partner oder an ihrer Partnerin verändern wollten.[90] Interessanterweise waren Personen insbesondere dann besonders erpicht und motiviert, ihren Partner oder ihre Partnerin zu verändern, wenn sie das Gefühl hatten, er oder sie entspreche nicht den eigenen Erwartungen.

Diese Versuche sind allerdings oft vergebens, da es zu keiner Veränderung kommt, wenn Partner:innen aneinander ziehen und zerren. Und mehr noch: Je mehr Partner:innen versuchen, die andere Person zu verändern – und merken, dass sich nichts verändert –, desto stärker wird die Diskrepanz zwischen der eigenen, unerfüllten Erwartung und dem realen Verhalten. Und diese Diskrepanz macht unzufrieden, die Person selbst und das Gegenüber. Es setzt sich ein Teufelskreis in Gang, der aus ungestillten Erwartungen und Veränderungsversuchen (bei der einen Person) und dem Gefühl, nicht gesehen und geliebt zu werden (bei der anderen Person), besteht.

Entscheidend ist daher, dass der Wunsch zur Veränderung von der Person selbst kommt. Partner oder Partnerinnen können eine Selbstentwicklung unterstützen, aber der initiale Schlüssel der Veränderung liegt bei der Person selbst: »Ich möchte mich verändern. Kannst du mich dabei unterstützen?«, so oder so ähnlich könnte der Initialmoment zur verbündeten Selbstentwicklung lauten. Wie Selbstentwicklung in Partnerschaften gelingt? Das Michelangelo-Phänomen hat Antworten.

Das Michelangelo-Phänomen

Einige von Ihnen kennen vermutlich die schöne David-Skulptur, die der Künstler Michelangelo Buonarroti Anfang des 16. Jahrhunderts erschaffen hat. Der Legende nach soll der Künstler gefragt worden sein, wie er solch eine edle Skulptur wie den David habe kreieren können. Daraufhin soll er entgegnet haben, dass er nicht viel habe machen müssen, denn die Figur habe schon im Stein geschlummert. Er habe lediglich die Steinhülle entfernen müssen, die nicht zur Figur gehörte, und so sei die Figur aus dem Stein befreit worden, so Michelangelo sinngemäß.[91] Wie können wir diese Symbolik auf Beziehungen übertragen?

Partner:innen sind sich gegenseitig Bildhauer:innen. Sie schleifen und formen sich in ihren Idealbildern, denn wir alle haben eine

Vorstellung davon, wie wir idealerweise gerne wären, etwa ausgelassener, sportlicher, selbstbewusster oder hilfsbereiter. Wichtig bei diesem Gestaltungsprozess ist, dass wir tatsächlich beim Idealbild des Partners oder der Partnerin bleiben. Denn oft neigen wir dazu, ein Idealbild vom Partner oder von der Partnerin zu haben: Wenn sie doch nur mehr Sport treiben würde, dann wäre sie viel ausgeglichener. Wenn er doch nur selbstbewusster wäre, dann hätte er auch mehr Erfolg im Beruf. Wenn doch nur …

Beim Michelangelo-Phänomen geht es aber nicht um das Idealbild, das eine Person von der anderen Person hat. Denn wenn Partner:innen ihr Gegenüber mit Biegen und Brechen dazu bringen wollen, anders zu sein, dann ist das weder von Erfolg gekrönt noch förderlich für das Wohlergehen der Partner:innen und ihrer Beziehung. Bei der Metapher des Michelangelo-Phänomens geht es daher dezidiert um das Idealbild, das der Partner oder die Partnerin *selbst von sich* hat. Welches Idealbild haben Sie von sich? Übung 6 lädt Sie ein, es herauszufinden.

Übung 6. Welches Idealbild habe ich von mir?

Nehmen Sie sich einen Moment Zeit und notieren Sie vier Eigenschaften Ihres Idealbilds. Wie wollen Sie idealerweise gerne sein? Wollen Sie hilfsbereiter oder dominanter sein? Wollen Sie zielstrebiger oder kreativer sein? Schreiben Sie es auf!

Wie erfährt nun Ihr Partner oder Ihre Partnerin, wie Sie idealerweise gerne sein möchten? Das gelingt am besten durch das gemeinsame Gespräch. Wenn sich Partner:innen unvollkommen zeigen, wenn sie ihre Wünsche und Ideale miteinander teilen. Dann werden Partner:innen zu Verbündeten im gemeinsamen Wachstumsprozess. Das Michelangelo-Phänomen beschreibt diesen Wachstumsprozess anhand von Schritten. Wie Abbildung 3 zeigt, ist die gegenseitige *Bestätigung* des Idealbilds das zentrale Element auf dem Weg zu einer Annäherung an das Idealbild. Sehen wir uns die einzelnen Schritte genauer an.[92]

Abbildung 3. Das Michelangelo-Phänomen

Bestätigung auf der Wahrnehmungsebene

Ein erster wichtiger Schritt beim Michelangelo-Phänomen ist, wie der Partner oder die Partnerin sich selbst wahrnimmt. Beispielsweise könnte Selma das Idealbild von sich haben, dass sie gerne ausgelassener wäre. Nimmt Georg sie aber konsequent als verschlossene Person wahr, wird es ihr schwerfallen, sich ihrem Idealbild anzunähern, möglicherweise weil sie sich nicht zutraut, sich ausgelassener zu verhalten. Förderlich ist es hingegen, wenn Georg denkt, dass Selma die Eigenschaften, die sie gerne hätte (beispielsweise Ausgelassenheit), bereits in sich trage und sich Schritt für Schritt ihrem Idealbild annähern könne. Sich gegenseitig ein wenig Michelangelo sein und den Glauben daran haben, dass all die guten Eigenschaften, die sich die Person wünscht, bereits in ihr schlummern.

Es geht dabei nicht um Idealisierung, sondern um Vertrauen. Um das Vertrauen, sich in der eigenen Unvollkommenheit dem Partner oder der Partnerin anvertrauen zu können und zu wissen, dass die Ängste und Wünsche sicher platziert sind. Um das Vertrauen, dass der Partner oder die Partnerin an die eigenen Potenziale glaubt, aber nicht zerrt und zieht, um eine bestimmte Entwicklungsrichtung anzustoßen. Dass das Tempo gewährt wird, das eine Person für ihre Entwicklung braucht.

Weshalb ist diese bestärkende und vertrauensvolle Haltung wichtig? Sie ist wichtig, weil die Wahrnehmung und die Haltung das Verhalten beeinflussen. Wenn Georg beispielsweise denkt, dass Selma ohnehin immer verschlossen sein werde, wird er sich ihr gegenüber auch so verhalten. Wenn sich Selma etwa zum wiederholten Male nicht getraut hat, auf eine fremde Person zuzugehen, wird er vielleicht die Augen verdrehen und sagen: »War ja klar.« Es ist dann so, als ob Selma nicht nur gegen ihren eigenen inneren Schweinehund der Veränderung ankämpfen müsste, sondern zusätzlich auch Georg davon überzeugen müsste, dass sie das Potenzial zur Veränderung in sich trage. Viel leichter ist es stattdessen, wenn Selma einen Begleiter an ihrer Seite hat, der sie anfeuert. Der sie ermutigt und darin bestärkt, dass sie sich ihrem Idealbild annähern kann. Dann geht die Veränderung fast von selbst.

Bestätigung auf der Verhaltensebene

Auf Wahrnehmung folgt Verhalten. Der zweite Schritt im Michelangelo-Phänomen ist daher die Bestätigung und Ermutigung auf der Verhaltensebene. Personen unterscheiden sich darin, wie sie Bestätigung ausdrücken, und sie unterscheiden sich darin, welche Form von Bestätigung sie benötigen, um sich entwickeln zu können. Georg hat beispielsweise das Idealbild von sich, dass er gerne sportlicher und gesundheitlich fitter wäre. Selma unterstützt ihn darin, indem sie ihn jedes Mal bestärkt, wenn er sich nach einem langen Arbeitstag die Tennistasche umschnallt und Aufschläge übt. Sie unterstützt ihn zudem auf dem Weg zu seinem Idealbild, indem sie ihn zu einer Schnupperstunde Yoga anmeldet. Anfangs war Georg noch sehr skeptisch, aber nun gehen beide mittwochs gemeinsam ins Yoga. Er findet zunehmend Gefallen daran und merkt, wie gut ihm das wöchentliche Yoga tut. Er spürt, dass er sich seinem Idealbild anzunähern beginnt.

Selma hat Georg durch ermutigende und bestärkende Worte unterstützt. Sie hat ihn bildlich aber auch an der Hand genommen und ihn an eine neue Sportart herangeführt. Beides hat Georg dabei geholfen, sportlicher zu werden und sich so seinem Idealbild anzunähern. Welche Bestätigung und Ermutigung brauchen Sie von Ihrem Partner oder Ihrer Partnerin, um sich entwickeln zu können? Teilen Sie es mit Ihrem Partner oder Ihrer Partnerin!

Übung 7. Ermutigende Verhaltensweisen

Nehmen Sie sich einen Moment Zeit und machen Sie sich zu folgenden Fragen Gedanken:

- Woran merken Sie, dass Ihr Partner oder Ihre Partnerin Sie in Ihrer Entwicklung unterstützt?
- Welche Verhaltensweisen Ihres Partners oder Ihrer Partnerin ermutigen Sie?
- Welche Worte oder Gesten Ihres Partners oder Ihrer Partnerin tun Ihnen gut und bestärken Sie auf Ihrem Weg?

Annäherung an das Idealbild

Der dritte Schritt im Michelangelo-Phänomen ist die tatsächliche Annäherung an das Idealbild. Durch die Bestätigung auf der Wahrnehmungs- und Verhaltensebene können wir ausgelassener, sportlicher, selbstbewusster oder hilfsbereiter werden – das Idealbild, das uns wichtig ist. Aber nicht alle Personen haben das gleiche Bedürfnis nach Veränderung. Manche schätzen den Status quo, während andere fast süchtig danach sind, sich immer wieder neu zu entdecken und neu zu erfinden. Wir Menschen sind eben verschieden.

Und auch wenn wir uns verändern wollen, so gelingt es uns nicht immer, uns unserem Idealbild anzunähern. Manchmal stagnieren wir und manchmal machen wir Rückschritte – oder nehmen es so wahr, als ob wir Rückschritte machten. Das ist in Ordnung. Denn wir sollten uns nicht zu sehr unter Druck setzen und nicht immer versuchen, die beste Version unseres Selbst zu sein. Wir sind auch vollkommen gut so, wie wir sind. Problematisch wird es nur, wenn wir dadurch unzufrieden werden. Wenn wir resignieren und das Gefühl haben, dass wir permanent auf der Stelle treten, obwohl wir uns doch anstrengen. Wenn wir partout nicht die werden, die wir sein wollen. Ein erster hilfreicher Schritt kann an dieser Stelle Akzeptanz sein. Anzunehmen, dass es gerade nicht so läuft, wie wir es uns wünschen, und dass nicht die Entwicklung möglich ist, die wir anstreben. Dass wir einfach nicht sportlicher oder selbstbewusster werden.

Gerade in solchen Momenten kann es Gold wert sein, wenn Partner:innen weiterhin Verbündete bleiben. Kein Anfeuern hin zum Idealselbst, sondern ein Wertschätzen der Person, die ich bin. Gewissermaßen ein Umarmen des Jetztbildes. Erst durch das Zusammenspiel von aktuellem Ich und idealem Ich können wir uns nachhaltig und glücklich entwickeln. Denn wenn ich mich nur entwickeln möchte, um vor meinem jetzigen Ich wegzulaufen, dann wird mich das langfristig nicht glücklich machen. In allen anderen Fällen kann Persönlichkeitsentfaltung beflügeln und beglücken.

Gut fürs Glück: Persönlichkeitsentwicklung macht froh

Die meisten Menschen wollen sich entwickeln.[93] Daher macht es uns glücklich, wenn wir merken, dass wir uns unserem Idealbild annähern. Wir sind zufriedener mit uns selbst, haben das Gefühl, aus unseren Möglichkeiten zu schöpfen und unser Potenzial zu entfalten. Die Annäherung an das Idealbild ist aber nicht nur dem individuellen Wohlbefinden zuträglich, sondern auch der Beziehungszufriedenheit.[94] Denn die Person, die uns dabei hilft, so zu werden, wie wir gerne sein möchten, schätzen wir.

Dadurch entsteht ein Perpetuum mobile aus eigener Entwicklung und Beziehungsentwicklung. Beides begünstigt sich gegenseitig. Interessanterweise zeigen Ergebnisse unserer eigenen Studien, dass dieser positive Kreislauf unabhängig vom Alter der Partner:innen und der Dauer ihrer Beziehung ist:[95] Unabhängig davon, wie alt Personen sind, sie möchten sich weiterentwickeln. Und unabhängig davon, wie lange ein Paar schon zusammen ist, können sich Partner:innen immer wieder aufs Neue darin unterstützen, die Personen zu werden, die sie sein möchten. Diese gegenseitige Unterstützung trägt dazu bei, dass wir intensiver lieben, wenn wir uns selbst entwickeln. Denn wenn wir uns entwickeln können, sind wir glücklicher. Und glücklicher liebt es sich schöner, freier und beschwingter.

Kann das immer gut sein?

An dieser Stelle ist es mir wichtig, auf mögliche Sorgen einzugehen, denn das Zulassen von Persönlichkeitsentwicklung kann sich auch riskant anfühlen. Mögliche Gedanken könnten sein, dass sich mein Partner oder meine Partnerin von mir entfernen könnte, wenn ich ihm oder ihr eine Entwicklung zugestehe. Vielleicht entwickelt er sich in eine Richtung, die mir fremd ist? Oder sie merkt plötzlich, dass sie mich in ihrem neuen Ich nicht mehr braucht?

Diese Gedanken sind nachvollziehbar und wir alle haben sie. Aber sie können nur von kurzfristigem Wert sein, da blockierte Persönlichkeitsentwicklung langfristig zu Unzufriedenheit führen kann. Wenn Personen permanent daran festhalten, wie es gerade ist, verunmöglichen sie Bewegung und Lebendigkeit in ihrer Beziehung. Sie halten fest, was nicht festzuhalten ist. Das kann beklemmend und frustrierend sein. Entweder werden diese Frustrationen unbewusst in den Beziehungsalltag gespült oder die blockierte Persönlichkeitsentwicklung ist irgendwann so stark, dass die Beziehung beendet wird. Wenn Partner:innen das Gefühl haben, sich in der Beziehung nicht entwickeln zu können, werden sie unglücklich, verhärten und lassen die Unzufriedenheit aneinander aus. Um das zu vermeiden, plädiere ich dafür, der eigenen Entwicklung ihren Raum *in der Beziehung* zuzugestehen. Zu akzeptieren und zu schätzen, dass wir in stetigem Werden begriffen sind. Und dass diese Entwicklung unserer Beziehung guttut – wenn wir sie zulassen und gemeinsam gestalten.

Auch hier tun wir gut daran, wenn wir uns als Verbündete wahrnehmen und unsere Veränderungsängste mit unserem Partner oder unserer Partnerin teilen. Denn vermutlich haben nicht nur Sie Angst, dass sich Ihr Partner oder Ihre Partnerin in eine von Ihnen entfernte Richtung entwickeln könnte, sondern auch Ihr Partner oder Ihre Partnerin könnte diese Ängste haben. Erforschen Sie gemeinsam, was Sie brauchen, damit sich Ihre jeweilige Persönlichkeitsentwicklung gut für Sie beide anfühlt.

Stetiges Werden im Wir

Wir sehen, dass gegenseitiges Zulassen und Ermöglichen von Persönlichkeitsentwicklung entscheidend für eine langfristige und glückliche Beziehung sind. Partner:innen signalisieren sich dadurch: »Ich mag dich und ich mag dich in all der Entwicklung, die noch in dir steckt. Ich gebe dir den Raum, dich in unserer Beziehung zu entdecken – durch gemeinsame Gespräche, Handlungen, Erlebnisse, aber auch durch Reibung und Konflikt.« Dadurch entsteht ein empathischer und stärkender Kontext, in dem sich zwei Persönlichkeiten entwickeln können.

Gemäß des Forscherehepaares Arthur Aron und Elaine N. Aron, das wir bereits im ersten Kapitel kennengelernt haben, stellen Partnerschaften dadurch eine ideale Möglichkeit für die eigene Entwicklung dar.[96] Der Grund ist, dass wir in kaum einem anderen Kontext eine andere Person so unmittelbar und so persönlich kennenlernen wie in einer Beziehung. Dadurch bekommen wir möglicherweise Verhaltensweisen von uns gespiegelt, die wir nicht mögen, oder entdecken Seiten an uns, die wir bislang noch nicht kannten. Wir begegnen einer anderen Person, die eigene Vorlieben und Wertvorstellungen hat, und können dadurch neue Welten kennenlernen. Der eigene Kreis erweitert sich um den Kreis der anderen Person, wie wir es bereits beim Konzept der Nähe in Kapitel 1 kennengelernt haben. Aron und Aron beschrieben dieses Phänomen daher als *Erweiterung des Selbst*.[97] Beziehungen bieten uns die Möglichkeit, unser Selbst zu erweitern und uns selbst zu entwickeln. Aber nicht immer ist Selbstentwicklung im Rahmen einer Beziehung möglich. Selbstentwicklung kann auch alleine gelingen.

Die Individualroute: Bergsteigen ist auch alleine möglich

In Kapitel 1 haben wir den Mount Maslow kennengelernt sowie verschiedene Routen, über die der Mount Maslow bestiegen werden kann. Eine Route haben wir uns dabei aber noch nicht angesehen: die Individualroute. Denn auch wenn es in diesem Buch um Beziehungen geht, ist mir wichtig zu betonen, dass Partnerschaften nicht die einzig wahre und richtige Lebensform sind. Denn der Dreiklang aus »Mehr Ich. Mehr Du. Mehr Wir.« kann auch schon nach dem ersten Punkt zum Halten kommen: Mehr Ich.

Personen, die sich entscheiden, als Singles zu leben, sind weder Egoist:innen noch Personen, die es zu bemitleiden gilt. Die Zuschreibungstendenz, dass Singles traurig, unglücklich oder einsam seien, wird in der Forschung als *Singlism* beschrieben.[98] Gewiss gibt es Singles, die sich mit diesen Eigenschaften beschreiben würden und sich von Herzen eine Beziehung wünschen. Aber es gibt eben nicht nur traurige und einsame Singles, sondern auch lebensfrohe und glückliche Singles. Auch sind es nicht nur die Singles, die sich möglicherweise als traurig und einsam beschreiben, sondern es gibt auch liierte Personen, die sich traurig und einsam fühlen.

Von dem Schriftsteller Anton Chekhov las ich vor Jahren einen Satz, der mich sehr zum Nachdenken brachte. Er besagt: »Wenn du Angst vor Einsamkeit hast, dann heirate nicht.« Ich denke, er hat recht. Denn die Einsamkeit, neben einer Person aufzuwachen, von der man sich entfremdet fühlt, ist genauso schlimm (wenn nicht schlimmer), als aufzuwachen und neben niemandem zu liegen. Wir sollten daher nicht den fälschlichen Schluss ziehen und Singles genuin für einsam und liierte Personen für nicht einsam zu halten. Ich möchte nicht den einen gegen den anderen Beziehungsstatus aufwiegen oder diese miteinander vergleichen. Beide haben ihre Vor- und Nachteile. Aber ich möchte dafür plädieren, die innere und äußere Glückszuschreibung vom Beziehungsstatus zu entkoppeln und die Vielfalt an Lebensmodellen stärker in den Blick zu nehmen. Denn das Entscheidende ist nicht, *ob* man in einer Beziehung ist oder nicht, sondern *wie* man diesen Zustand erlebt.

Mein Bestreben ist es, einen Beitrag dafür zu leisten, dass Sie glücklich sind, indem Sie Ihrer Persönlichkeit die Bedingungen schaffen, die Ihre Persönlichkeit zum Wachsen braucht. Folgende Fragen können daher bei der Individualroute auf den Mount Maslow hilfreich sein.

Übung 8. Persönliches Wachstum unabhängig von der Beziehung

- Wem können Sie Ihre Entwicklungsziele und Ihr Idealselbst anvertrauen?
- Wie können Sie Erfahrungen sammeln, die Ihnen dabei helfen, sich Ihrem Idealselbst anzunähern?

- In welchen Momenten spüren Sie Ermutigung und Bestätigung? Und von wem?
- Welchen weiteren Proviant benötigen Sie, um den Mount Maslow zu besteigen?
- Wie sind Sie gesichert, wenn Sie fallen?

Persönlichkeitsentwicklung ist ein bedeutsamer Motivator und ein zentrales Bedürfnis von vielen Menschen. Dabei spielt der Beziehungsstatus nicht die wichtigste Rolle. Wichtig ist nur, dass sich Personen die Bedingungen schaffen, die sie für ihre Selbstentwicklung brauchen. Das ist nicht immer möglich. Aber solange wir es schaffen, dass es immer öfter möglich ist, sind wir auf dem richtigen Weg. Ob als Paar oder Individualperson.

04

Der Lauf der Liebe

Wie wir interessiert aneinander bleiben

Aller Anfang ist leicht

»Und jedem Anfang wohnt ein Zauber inne«, schrieb Hermann Hesse in seinem Gedicht »Stufen«. Gab es diesen Anfangszauber auch in Ihrer Beziehung? Lassen Sie uns zu Beginn von Kapitel 4 eine kleine Zeitreise an den Anfang Ihrer Beziehung machen.

Übung 1. Schmetterlinge im Bauch – das erste Kennenlernen

Nehmen Sie sich einen Moment Zeit und denken Sie über folgende Fragen nach:

- Wie und wo haben Sie Ihren Partner oder Ihre Partnerin kennengelernt?
- Wer hat den ersten Schritt gemacht?
- Worauf haben Sie als Erstes geachtet, als Sie Ihren Partner oder Ihre Partnerin kennengelernt haben?

Worauf achten wir beim Kennenlernen?

Worauf achten Personen beim Kennenlernen möglicher Partner und Partnerinnen? Um sich diesen Fragen anzunähern, hat sich die Beziehungsforschung mit dem Beginn von Partnerschaften befasst und Antworten auf die Frage gefunden. Folgende Eigenschaften sind die neun am häufigsten genannten Eigenschaften, auf die Männer und Frauen beim Kennenlernen künftiger Partner:innen achten.[99]

Die Top-9-Eigenschaften beim Kennenlernen

- Intelligenz
- Humor
- Ehrlichkeit
- Freundlichkeit
- Gutes Aussehen
- Ein attraktives Gesicht
- Werte
- Kommunikationsfähigkeiten
- Verlässlichkeit

Bei dieser Liste an Eigenschaften sei jedoch als Einschränkung festgehalten, dass sie im Rahmen einer Internetumfrage erfasst wurde. Eine beachtliche Zahl von 108 899 Männern und 85 367 Frauen sahen 23 Eigenschaften und sollten daraufhin angeben, welche der genannten Eigenschaften sie bei potenziellen Partner:innen am wichtigsten fänden. Nun wissen wir alle, dass die Realität andere Bedingungen bereithält als eine Internetumfrage. In der Realität können wir Partner:innen nicht basierend auf unseren präferierten Eigenschaften zusammenfügen und wir können auch nicht aus einer Reihe möglicher Partner:innen auswählen, sie nach unseren Kriterien sortieren und dann die passendste Person auswählen. Zum Glück können wir das nicht, müsste man hinzufügen, denn sonst würde die Wahl des Partners oder der Partnerin zu einer niemals enden wollenden Suche nach der perfekten Person werden. In der Realität entsprechen manche der Eigenschaften den eigenen Vorstellungen, an andere Eigenschaften muss man sich erst gewöhnen. Wenn beispielsweise ein möglicher Partner oder eine mögliche Partnerin sehr intelligent und inspirierend ist, aber sein oder ihr

Aussehen nicht ganz den eigenen Vorstellungen entspricht – oder andersherum. In der Realität müssen wir daher auch Kompromisse eingehen, und das Kennenlernen ist ein ausgetüftelter Prozess, der verschiedene Stufen durchläuft. Abbildung 1 fasst die Stufen des Kennenlernens als Modell zusammen. Zwar simplifizieren Modelle die Realität, aber sie helfen dabei, komplexe Prozesse – wie die Partnerwahl – besser zu verstehen.

Die Stufen des Kennenlernens

Wer ist vorhanden?

Um einen potenziellen Partner oder eine potenzielle Partnerin auszuwählen, müssen wir erst einmal wissen, wer vorhanden ist. Oft lernen sich künftige Partner:innen bei der Arbeit oder bei gemeinsamen Freizeitbeschäftigungen kennen.[100] Zudem haben sich die Möglichkeiten des Online-Datings im Laufe der Jahre immer größere Beliebtheit erfreut. Denn die Wahrscheinlichkeit, zufällig einer Person zu begegnen, die frei ist *und* die wir interessant finden, ist oft klein – wenn auch nicht ausgeschlossen, wie möglicherweise Beispiele aus Ihrem eigenen Bekanntenkreis zeigen. Die Möglichkeiten des Online-Datings können daher den Prozess vereinfachen, auf Personen in ähnlichen Lebenssituation zu treffen. Allerdings entspricht das Online-Dating nicht jedem und jeder. Zu anonym, sagen die einen. Zu dubios, sagen die anderen. Daher ist es entscheidend, dass wir jenen Weg des Kennenlernens wählen, der uns persönlich am ehesten zusagt.

An wem bin ich interessiert?

Im nächsten Schritt geht es darum, zu wissen, wen wir tatsächlich so interessant finden, dass wir mit dieser Person eine Beziehung eingehen möchten. Zum einen spielt hier, wie bereits beschrieben, unsere persönliche unbewusste Checkliste eine Rolle, anhand derer wir prüfen, ob eine Person jenen Eigenschaften entspricht, die uns bei einem potenziellen Partner oder einer potenziellen Partnerin wichtig sind. Weitere Aspekte tragen dazu bei, wen wir interessant finden.

Erstens finden wir Personen interessant, die uns räumlich nahe sind. Forschungsergebnisse zeigen hier: Student:innen, die in Wohnheimen Zimmernachbar:innen waren, wurden später eher Freund:innen als Student:innen, die keine Zimmernachbar:innen waren.[101] Räumliche Nähe schafft Vertrautheit. Und aus Vertrautheit und Freundschaft kann Liebe entstehen. Achten Sie also gut darauf, wer rechts und links von Ihnen wohnt!

Zweitens tragen der soziale Status, die soziodemografischen Merkmale und die Persönlichkeit der anderen Person dazu bei, ob wir sie interessant finden. Forschungsergebnisse zeigen, dass Frauen tendenziell an Männern interessiert sind, die einen hohen sozialen Status haben.[102] Evolutionär betrachtet machte das durchaus Sinn, da es das primäre Ziel der Verpartnerung war, das Überleben des Nachwuchses zu sichern. Ein Mann mit Status versprach ausreichend finanziellen Hintergrund, um den Nachwuchs über die Runden zu bringen. In einer Welt, in der Gleichstellung glücklicherweise immer wichtiger wird, verliert dieses Selektionskriterium an Bedeutung, ist zum Teil aber noch präsent. Gleichzeitig sind Personen auch an einem Gegenüber interessiert, das ihnen ähnlich ist und mit dem sie auf einer Wellenlänge sind. Dabei ist die Ähnlichkeit in der Persönlichkeit weniger entscheidend als die Ähnlichkeit in soziodemografischen Merkmalen, wie beispielsweise eine ähnliche Wertvorstellung oder ein ähnlicher Bildungshintergrund. In der Forschung wird diese Form der Ähnlichkeit als *Homogamie* beschrieben.[103]

Ist es nun gleich und gleich, das sich gern gesellt? Oder sind es doch die Gegensätze, die sich anziehen? Vor dem Hintergrund soziodemografischer Angaben gilt gleich und gleich: Personen, die sich in soziodemografischen Angaben ähnlich sind, sind eher ein Paar. Die einzige Ausnahme stellt das Alter dar, da in heterosexuellen Beziehungen Männer zum Zeitpunkt des Heiratens im Schnitt 2,5 Jahre älter als Frauen sind (34,7 Jahre bei Männern im Vergleich zu 32,2 Jahren bei Frauen).[104] Homogamie ist unter anderem dadurch zu erklären, dass sich ähnliche Personen eher begegnen. Sei es, weil beide Personen einen ähnlichen Beruf ausüben oder sich in ihrer Freizeit für ähnliche Belange engagieren, wie beispielsweise bei der freiwilligen Feuerwehr tätig zu sein.

Ganz falsch ist das Sprichwort der sich anziehenden Gegensätze jedoch nicht. Denn Personen können sich zu einem Gegenüber hingezogen fühlen, das ihrem eigenen Idealbild entspricht. Wenn eine Person beispielsweise sehr verschlossen und introvertiert ist und sich wünscht, ausgelassener und extrovertierter zu sein, so fällt dieser Person möglicherweise ein ausgelassenes und extrovertiertes Gegenüber besonders auf. Weshalb? Es gibt zwei Gründe, die beide mit dem Wunsch nach Selbstentwicklung zu tun haben. Wie wir bereits bei der Erweiterung des Selbst gesehen haben, beginnen die eigenen Eigenschaften mit denen des Partners oder der Partnerin zu verschmelzen. Eigenschaften des Partners oder der Partnerin, die ideal erscheinen, werden dadurch zu einem gewissen Grad auch eigene Eigenschaften. Zweitens kann es für das bereits beschriebene Michelangelo-Phänomen hilfreich sein, wenn der Partner oder die Partnerin mit jenen Aspekten bestens vertraut ist, die die Person selbst anzustreben plant.[105] Beispielsweise konnte Selma, die ihrerseits sportliebend ist, Georg gezielter darin unterstützen, sportlicher zu werden, weil sie diese Eigenschaft an sich selbst gut kennt. Was passiert nun, wenn wir jemanden getroffen haben, der als möglicher Partner oder mögliche Partnerin in Frage käme? Nun ja, diese Person sollte auch Gefallen an uns finden.

Wer ist an mir interessiert?

Damit es zu einer Beziehung kommen kann, ist entscheidend, dass das eigene Interesse auf Gegeninteresse stößt. Denn nur wenn beide Personen ein ausreichend hohes Maß an Interesse aufbringen, kann aus einer Begegnung eine zweite Begegnung und daraus irgendwann eine Beziehung werden. Hier ist es wichtig, die richtige Balance aus Strenge und Großzügigkeit zu finden. Denn nicht immer begeistert uns eine Person vom ersten Moment an.

Manchmal müssen wir die andere Person erst eine Weile kennen, um an ihre verborgenen, faszinierenden und schönen Seiten heranzukommen. Es wäre schade, wenn dieser Prozess schon nach der ersten Begegnung gestoppt wäre – vielleicht, weil die andere Person zu aufgeregt oder zu schüchtern war. Auf der anderen Seite sollten wir auch nicht zu großzügig sein. Denn wenn uns eine Person nicht ausreichend interessiert oder nicht guttut, dann ist es wichtig, im richtigen Moment davon zu lassen. Manchmal flüstert uns die Hoffnung zu, dass sich dieser oder jener Punkt noch geben werde. Manchmal ist das tatsächlich so, aber manchmal eben auch nicht. Zögern Sie also nicht zu lange, bis Sie zu einer Person »Ja« oder »Nein« sagen. Und warten Sie auch nicht zu lange, bis Sie ein »Ja« oder »Nein« von der anderen Person hören. Das sagt sich in der Theorie zwar sehr viel einfacher als in der Realität. Aber auch in der Realität ist es gut, hier liebevoll konsequent mit sich und anderen zu sein, denn nur so kann eine Beziehung entstehen, die allen Beteiligten guttut.

Das soziale Netzwerk

Das Kennenlernen findet nicht im luftleeren Raum statt, denn jede Stufe des Kennenlernens wird durch das soziale Netzwerk beeinflusst, wie etwa durch Freund:innen oder die Familie. Freund:innen und Familie können beeinflussen, wen wir interessant finden und mit wem wir eine Beziehung eingehen (oder nicht). Beispielsweise könnte unser soziales Netzwerk die Vorstellung vertreten, dass wir keine Partnerin wählen sollten, die älter ist als wir, oder keinen Partner wählen sollten, der bereits geschieden ist.

Es ist möglich, sich den Vorstellungen des sozialen Netzwerks zu widersetzen und zukünftige Partner:innen ganz nach jenen Kriterien auszuwählen, die den eigenen Vorstellungen entsprechen. Aber die Vorstellungen und Glaubenssätze des sozialen Umfelds bleiben oft doch wie Hintergrundmusik bestehen. Die kurze Überlegung, was meine Schwester wohl zu meinem neuen Partner sagen würde? Oder wie mein bester Freund reagiert, wenn er erfährt, wie ich meine Partnerin kennengelernt habe? Es kann daher hilfreich sein, sich der Hintergrundmusik des sozialen Netzwerks bewusst zu werden und hinzuhören, aber schlussendlich die Partnerwahl,

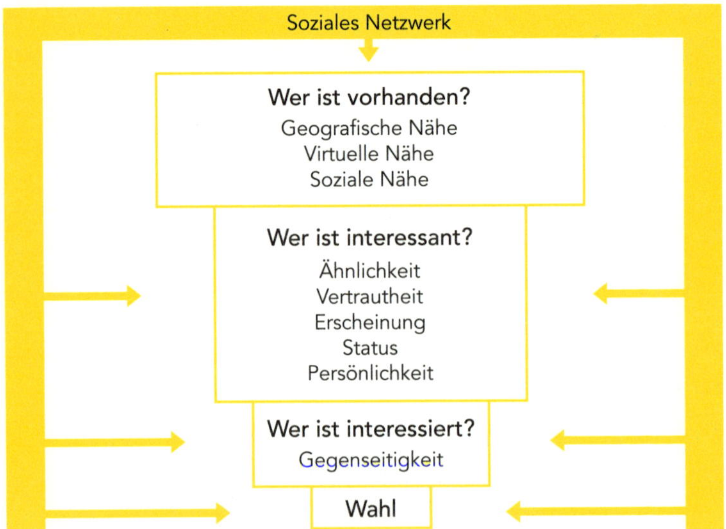

Abbildung 1. Die Stufen des Kennenlernens

wenn möglich, bewusst nach eigenen Kriterien zu treffen – denn schließlich sind wir es, die am Ende diese Beziehung führen.

Das Kennenlernen: zusammengefasst

Wir haben gesehen, dass der endgültigen Wahl des Partners oder der Partnerin verschiedene Stufen vorausgehen, die allesamt in ein soziales Netzwerk eingebettet sind: Aus den Personen, die vorhanden sind, wählen wir die Person aus, die wir interessant finden und zu der wir uns hingezogen fühlen. Wenn das Interesse auf Gegenseitigkeit beruht, kann daraus der Beginn einer Partnerschaft werden. Und dann fängt das Spannende in der Begegnung zweier Menschen erst an.

Georg und Selma haben sich übrigens in einem Tango-Tanzkurs kennengelernt. Selma schwärmte eigentlich für Georgs besten Freund, aber der war nicht an Selma interessiert. Selma tanzte immer öfter mit Georg und sie liefen manchmal nach dem Tanzkurs bei eisigen Temperaturen stundenlang durch die Straßen von Hamburg, wo Georg herkam und Selma gerade hingezogen war. Die beiden trafen sich auch außerhalb des Tanzkurses und lernten sich immer besser kennen. Aus Freundschaft wurde Liebe. Das ist mittlerweile 30 Jahre her. Tango tanzen sie bis heute.

Was hat der Anfang mit dem Jetzt zu tun?

Weshalb haben wir diesen Exkurs gemacht und uns mit den Anfängen einer Beziehung beschäftigt? Weil er verdeutlicht, welche Faktoren beim Kennenlernen relevant sind – Faktoren, an denen Personen schrauben können, wenn sie merken, dass das Kennenlernen nicht so läuft, wie sie es sich wünschen. Wenn sie niemanden kennenlernen, der zu ihnen passt.

Gleichzeitig führt uns dieser Exkurs auch vor Augen, wie kostbar es ist, einen Partner oder eine Partnerin an der Seite zu haben, mit dem oder mit der wir gerne durchs Leben gehen. Manchmal vergessen wir, wertzuschätzen, was wir aneinander haben. In diesen Momenten kann es guttun, kurz innezuhalten und nachzuspüren, warum wir uns damals für unseren Partner oder unsere Partnerin entschieden haben. Denn tatsächlich heißt es: »Die Wahl des Partners oder der Partnerin scheint eine der wichtigsten Entscheidungen im Leben eines Menschen zu sein.«[106] Wir sollten also nicht aus Gewohnheit oder Routine miteinander zusammen sein, sondern wissen, warum wir in dieser Beziehung sind.

Übung 2. Was hat dich an mir fasziniert?

Kommen Sie mit Ihrem Partner oder Ihrer Partnerin ins Gespräch und reisen Sie zusammen an die Anfänge Ihrer Beziehung. Stellen Sie Ihrem Partner oder Ihrer Partnerin folgende drei Fragen:

- »Wie kam es aus deiner Sicht dazu, dass wir ein Paar wurden?«
- »Was hat dich an mir fasziniert? «
- »Was, glaubst du, hat mich an dir interessiert? «

Dieser kurze Exkurs kann uns auch aufzeigen, wie offen und neugierig wir am Anfang einer Beziehung aufeinander sind. Um nicht den Routinen des Alltags zu verfallen, können wir uns daher des Instrumentariums bedienen, das wir am Anfang der Beziehung so selbstverständlich gezeigt haben: sich für die andere Person interessieren, sich immer wieder neu kennenlernen, interessiert aneinander bleiben und neugierig aufeinander sein. Wann haben Sie das letzte Mal etwas Neues über Ihren Partner oder Ihre Partnerin erfahren? Falls dies schon eine Weile zurückliegt, versuchen Sie es doch mal mit folgender Übung.

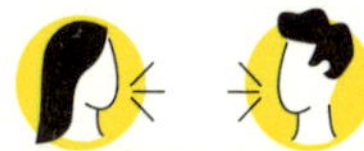

Übung 3. Ich lerne dich immer wieder neu kennen

Lernen Sie diese Woche eine neue Eigenschaft an Ihrem Partner oder Ihrer Partnerin kennen. Hier sehen Sie einige Beispielfragen. Sie können sich aber auch eigene Fragen ausdenken – was immer Sie an Ihrem Partner oder Ihrer Partnerin neu entdecken mögen.

- »Wofür schwärmtest du in deiner Jugend?«
- »Was ist dein größter Traum?«
- »Was ist das Peinlichste, das du je erlebt hast?«
- »Wovor hast du Angst?«

Tatsächlich deutet die Forschung darauf hin, dass sich Personen näher fühlen, wenn sie etwas Persönliches voneinander erfahren haben. Das Spannende ist: Es funktioniert auch mit völlig fremden Personen. Eine Studie des Psychologen Arthur Arons aus den 1980er-Jahren zeigt, dass sich unbekannte Personen innerhalb von 45 Minuten emotional sehr nahekommen können – wenn sie sich gegenseitig 36 Fragen beantworten.[107]

Diese 36 Fragen sind in drei Blöcke mit je zwölf Fragen aufgeteilt. Sie finden sechs dieser Fragen im nachfolgenden Kasten, aus jedem der drei Blöcke sind je zwei Fragen entnommen. Probieren Sie es aus und stellen Sie die Fragen jemandem, den Sie noch nicht so gut kennen, oder auch jemandem, den Sie bereits gut kennen, wie Ihrem Partner oder Ihrer Partnerin. Wie wir bereits gesehen haben, gibt es immer etwas Neues aneinander zu entdecken – und diese Entdeckungsreise ist wichtig, um unsere Beziehungen lebendig zu halten.

Fragen, die zu mehr Nähe führen können

- »Wenn du dir eine Person auf der Welt aussuchen könntest: Wen hättest du gerne als Gast zum Abendessen?«
- »Wenn du irgendwas an der Art ändern könntest, wie du aufgezogen wurdest, was wäre das?«
- »Wenn eine Kristallkugel dir die Wahrheit über dich, dein Leben, die Zukunft oder irgendetwas anderes verraten könnte, was würdest du wissen wollen?«
- »Was ist deine wertvollste Erinnerung?«
- »Wann hast du das letzte Mal vor einem anderen Menschen geweint? Wann hast du das letzte Mal allein geweint?«
- »Wenn du heute Abend sterben würdest, ohne die Möglichkeit, mit jemandem zu kommunizieren, was würdest du am meisten bedauern, wenn du es niemandem gesagt hättest? Warum hast du es noch nicht gesagt?«[108]

Welche Beziehungsereignisse folgen nach dem Kennenlernen?

Nach dem Kennenlernen geht das Abenteuer Beziehung los und es folgen zentrale Schritte in der Biografie einer Beziehung. Wie war das bei Ihnen? Welche Beziehungsereignisse scheinen Ihnen in der Rückschau wichtig gewesen zu sein?

Übung 4. Wichtige Schritte in unserer Beziehung

Stellen Sie sich Ihre Beziehung wie einen Zeitstrahl vor, der vom Zeitpunkt des Kennenlernens bis heute reicht, und denken Sie über folgende Fragen nach:

- Welche wichtigen Beziehungsereignisse würden Sie auf dem Zeitstrahl einzeichnen?
- Weshalb erachten Sie diese Beziehungsereignisse als wichtig?
- Zu welchem Zeitpunkt in Ihrer Beziehungsbiografie sind diese Beziehungsereignisse eingetreten? Wie lange kannten Sie sich schon?

In der Forschung lassen sich mindestens drei zentrale Beziehungsereignisse – oder *Beziehungstransitionen* – kennzeichnen, welche in Abbildung 2 dargestellt sind: Paare ziehen zusammen, heiraten oder werden Eltern. Beziehungstransitionen sind dadurch charakterisiert, dass sie das Ende einer bisherigen Lebensbedingung einläuten oder den Anfang einer neuen Lebensbedingung markieren. Dadurch regen Beziehungstransitionen oft neue Gefühle, Gedanken oder Verhaltensweisen in uns an.[109]

Die in Abbildung 2 dargestellten Transitionen treffen nicht auf alle Paare zu, finden nicht bei allen Paaren in dieser Reihenfolge statt und müssen für eine glückliche Beziehung nicht eintreffen. Aber viele Paare erleben diese Beziehungsereignisse in ihrer Beziehungsbiografie. Lassen Sie uns die verschiedenen Beziehungsereignisse daher näher betrachten.

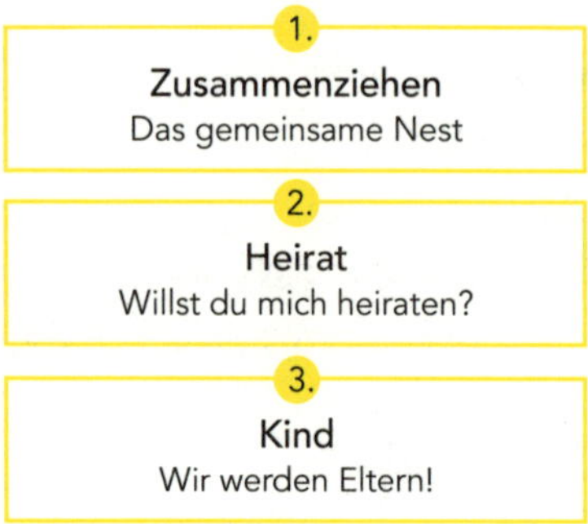

Abbildung 2. Welche Beziehungsereignisse folgen nach dem Kennenlernen?

Das gemeinsame Nest

Nach dem Kennenlernen und nach einiger Zeit als Paar folgt für viele Paare das Zusammenziehen. Im Durchschnitt ziehen Paare im zweiten Beziehungsjahr zusammen.[110] Das Zusammenziehen dient – unbewusst oder bewusst – oft auch dazu, zu testen, wie gut man als Paar zusammenpasst. Wie passt meine Persönlichkeit zu deiner Persönlichkeit, wenn wir den Alltag miteinander teilen? In früheren Generationen gab es diesen singulären Schritt des Zusammenziehens vielfach nicht, weil Paare gleich den Schritt des Heiratens gingen und Zusammenziehen und Heiraten dadurch zusammenfielen. In heutigen Generationen sind diese beiden Beziehungsschritte weniger stark miteinander verwoben. Paare können unverheiratet zusammenleben, unverheiratet oder nicht verheiratet sein, aber in unterschiedlichen Wohnungen, Städten oder Ländern wohnen. Letzteres, die sogenannten LAT-(*living apart to-*

gether)-Paare, hat in den letzten Jahren zugenommen; gerade auch weil die berufliche Situation es oft erfordert, an unterschiedlichen Orten zu leben.[111]

Trotz dieser vielfältigen Lebens- und Wohnmöglichkeiten entscheiden sich viele Paare dennoch dafür, zusammenzuwohnen. Ein erster großer Schritt, den sie als Paar gehen. In den vielen kleinen Schritten, die diesem Ereignis vorangehen und es begleiten, zeigt sich das Zusammenspiel der Persönlichkeit beider Partner:innen. Wie sucht man nach einer gemeinsamen Wohnung und wie entscheidet man sich? Welche Möbel werden ausgewählt? Wie gestaltet sich der Umzugstag und vor allem: Wie gestalten sich die ersten Wochen in der gemeinsamen Wohnung? Wenn Paare schließlich zusammenwohnen, vermittelt das gemeinsame Zuhause oft ein Gefühl von Geborgenheit, Sicherheit und Stabilität. Das Zuhause kann als »unsere Wohnung« mit »unserem Balkon« beschrieben werden. Diese Worte können Gefühle von Vertrautheit, Zugehörigkeit und Gemeinsamkeit auslösen, was wichtige Elemente in einer Partnerschaft sind. Sie fördern das Gefühl, im gleichen Boot zu sitzen und den Alltag gemeinsam zu meistern.

Aber für manche Paare wird gerade dieser gemeinsame Alltag zur Zerreißprobe, weil sie unterschiedliche Bedürfnisse haben. Ein unterschiedliches Bedürfnis nach Sauberkeit und Ordnung oder unterschiedliche Tag-Nacht-Rhythmen. Bedürfnisse, die im neu entwickelten Beziehungsalltag herausfordernd sein können. Neben der Tatsache, dass sich der Beziehungsalltag unterschiedlich leicht oder schwer gestaltet, gibt es noch einen weiteren Punkt, der das Thema Zusammenziehen für Paare oft brisant macht: der richtige Zeitpunkt. Damit ist weniger ein Zeitpunkt im Äußeren gemeint – das heißt, wie lange Paare schon zusammen sind –, sondern ein richtiger Zeitpunkt im Inneren. Zentrale Fragen, die Partner:innen beschäftigen, könnten sein: »Bin ich schon an dem Punkt, um mit dir zusammenzuwohnen?«, »Welche Freiheiten gebe ich durch ein Zusammenwohnen möglicherweise auf?«, »Was bedeutet Alltag für unsere Beziehung?«, »Und was bedeutet es für unsere Beziehung, wenn wir diesen Alltag nicht teilen?«

Es wird deutlich, dass das Ereignis des Zusammenziehens auch ein sehr emotionaler und entscheidungsschwerer Punkt in der gemeinsamen Beziehungsgeschichte sein kann. Das Thema kann zum Damoklesschwert werden. Etwa dann, wenn eine der beiden Personen bereit ist, zusammenzuziehen, und die andere Person noch zögerlich ist oder sich grundsätzlich nicht vorstellen kann, zusammenzuziehen. Die Entscheidung hinsichtlich des Zusammenziehens wird daher auch oft als Entscheidung für oder gegen die Beziehung empfunden. Es wäre jedoch wichtig, beide Aspekte getrennt voneinander zu betrachten. Denn die unterschiedliche Bedürfnislage und Geschwindigkeit in Bezug auf das Zusammenziehen hat nicht notwendigerweise damit zu tun, wie viel Engagement und Verbindlichkeit eine Person für die Beziehung aufbringt, sondern auch mit der eigenen Persönlichkeit. Möchte man jeden Schritt durchdacht und geplant gehen oder kann man sich auf das Bauchgefühl verlassen und mutig vorangehen? Braucht man viel Raum und Ruhe für sich oder nicht? Personen unterscheiden sich.

Umso wichtiger ist, dass Paare vor und bei diesem Beziehungsschritt miteinander im Austausch bleiben. Dass unterschiedliche Bedürfnisse gehört und berücksichtigt werden und dass diese nicht als Angriff gegen die eigene Person oder die Beziehung missverstanden werden. Wir tun gut daran, über diese Bedürfnisse zu sprechen, bevor sie sich leise – und irgendwann sehr viel lauter – im Alltag manifestieren und zu Differenzen und Konflikten führen. Es ist nicht tragisch, unterschiedliche Bedürfnisse zu haben. Schwierig wird es nur, wenn nicht über diese Unterschiedlichkeit gesprochen wird.

Willst du mich heiraten?

Obwohl die Zahl der Eheschließungen gerade bei jüngeren Personen rückläufig ist, ist die Heirat für viele Paare noch immer ein wichtiger Schritt in ihrer Beziehungsgeschichte.[112] Mehr noch als das Zusammenwohnen bindet eine Ehe beide Partner:innen aneinander und vermittelt ein Gefühl von Verbundenheit. Allerdings verändert sich im Alltag der beiden Partner:innen mit dem Schritt der Heirat oft weniger als mit dem Schritt des Zusammenziehens, denn der Alltag bleibt oft der gleiche. Stattdessen ändern sich die sozialen Rollen. Partner:innen sind nun Ehemänner und Ehefrauen. Zudem wird es mit dem Schritt des Heiratens schwerer, die Beziehung aufzulösen, was das Band zwischen den Partner:innen festigen und in Krisenmomenten dazu beitragen kann, dass Partner:innen die Beziehung nicht leichtfertig aufgeben, sondern an ihr arbeiten. Umgekehrt kann das Band der Ehe für manche Personen auch beklemmend und einengend sein.

Interessanterweise macht es für die Beziehungszufriedenheit aber keinen Unterschied, ob Partner:innen verheiratet sind oder nicht, so die Ergebnisse unserer aktuellen Metaanalyse.[113] Ebenso macht es keinen Unterschied, ob Paare zusammenwohnen oder nicht, denn zusammenwohnende und nicht zusammenwohnende Paare sind gleich zufrieden in ihrer Beziehung. Ein Aspekt, der jedoch einen Unterschied macht, ist, ob Paare Kinder haben. Die Ergebnisse der Metaanalyse zeigen, dass Paare mit Kindern tendenziell weniger zufrieden sind als Paare ohne Kinder. Das Elternwerden stellt daher das dritte große Beziehungsereignis dar.

Wir werden Eltern!

Die Elternschaft ist für viele Personen ein wichtiger Pfeiler in ihrer Identität und ein wichtiges Ereignis in ihrer Beziehungsbiografie. Insbesondere mit der Geburt des ersten Kindes muss der Beziehungs- und Familienalltag neu gefunden werden, denn plötzlich ist da ein Wesen, das rund um die Uhr von uns abhängig ist. Das kann für den Alltag als Paar herausfordernd sein, weil die Paarbeziehung möglicherweise erst einmal in den Hintergrund tritt. Daher ist es nicht verwunderlich, dass die Beziehungszufriedenheit von Eltern (phasenweise) geringer ist als die von kinderlosen Paaren. Gleichzeitig schweißt ein gemeinsames Kind Partner:innen zusammen. Sie werden in ihrer Rolle als Eltern gefordert – im Hier und Jetzt des Alltags sowie in der langfristigen Lebensplanung.

Was machen Beziehungsereignisse mit der Persönlichkeit?

Es wäre anzunehmen, dass Beziehungsereignisse für die Entwicklung der eigenen Persönlichkeit wichtig sein müssten, wie wir bereits beim *sozialen Investitionsprinzip* in Kapitel 2 gesehen haben[114]: Personen investieren in ihre sozialen Rollen, wodurch ihre Persönlichkeit reift. Studien haben daher untersucht, wie sich die Persönlichkeit verändert, wenn Personen zusammenziehen, heiraten oder Eltern werden. Interessanterweise zeigen die Ergebnisse jedoch, dass Beziehungsereignisse vergleichsweise wenig an der eigenen Persönlichkeit verändern.[115] Und wenn sich Effekte finden ließen, dann war das Bild über verschiedene Studien hinweg oft nicht eindeutig.

Was auf den ersten Blick ein ernüchterndes, weil nicht eindeutiges Bild für das Forscher:innenherz ist, fördert auf den zweiten Blick etwas Spannendes zutage: Die inkonsistenten Befunde könnten darauf hindeuten, dass Personen nicht *einheitlich* auf Beziehungsereignisse reagieren. Das würde bedeuten, dass es nicht so entscheidend ist, *ob* man ein Beziehungsereignis erlebt, sondern *wie* man es erlebt. Verschiedene Faktoren könnten dazu beitragen, wie Personen ein Beziehungsereignis erleben und darauf reagieren, etwa: Welche Bedeutung hat das Ereignis für eine Person? Wie bewertet eine Person das Ereignis? Wie selbstbestimmt konnte eine Person das Ereignis wählen? All diese Aspekte könnten dazu beitragen, wie Personen in ihrer Persönlichkeit auf Beziehungsereignisse reagieren.

Ein Blick in den Beziehungsalltag

Ein weiterer entscheidender Faktor dafür, was Beziehungsereignisse mit der Persönlichkeit machen, ist, wie sich der konkrete Beziehungsalltag nach einem Beziehungsereignis gestaltet: Streiten Partner:innen mehr oder weniger, seitdem sie zusammenwohnen? Gehen sie liebevoller oder weniger liebevoll miteinander um, seitdem sie verheiratet sind? Verbringen sie mehr oder weniger Zeit zusammen, seitdem sie Eltern sind? Ein zentraler Aspekt zum besseren Verständnis von Beziehungs- und Persönlichkeitsentwicklung ist daher, sich den Beziehungsalltag genauer anzusehen.

05

Im Alltag aneinander wachsen

Wie wir Konflikte und Verzeihensbereitschaft üben

Der Beziehungsalltag

Nach dem Kennenlernen stellt sich zu einem Zeitpunkt der Beziehungsalltag ein. Der Beziehungsalltag besteht aus drei Komponenten, die alle miteinander zusammenspielen: Fühlen, Denken und Handeln. Abbildung 1 veranschaulicht die drei Komponenten des Beziehungsalltags und deren Zusammenspiel. Um besser zu verstehen, wie der Beziehungsalltag durch Fühlen, Denken und Handeln geprägt ist, sehen wir uns als drittes Paar dieses Buches Louis und Malte an. Die beiden sind Anfang 30 und seit zwei Jahren ein Paar.

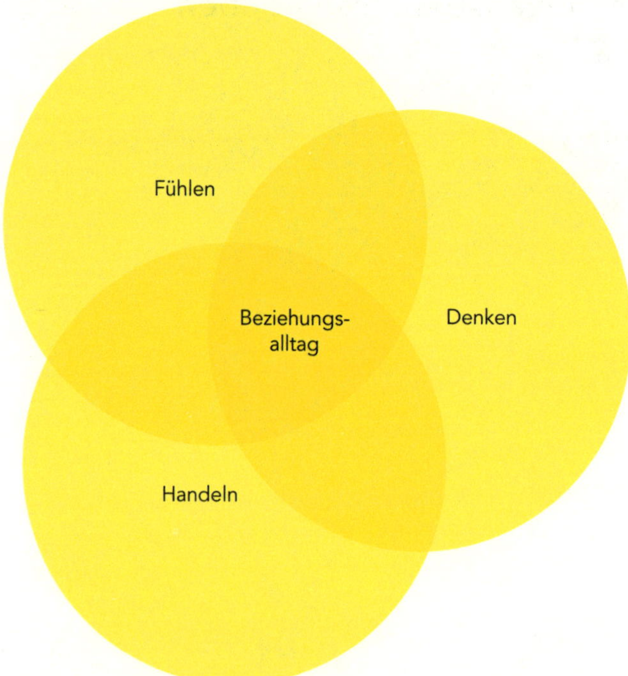

Abbildung 1. Komponenten des Beziehungsalltags

Während Louis eher ein aufbrausender und extrovertierter Typ ist, ist Malte eher ruhig und bedacht. Ihre Persönlichkeitsunterschiede zeigen sich unter anderem darin, wie sie in ihrem Beziehungsalltag fühlen, denken und handeln.

Fühlen im Beziehungsalltag

Weshalb haben wir Gefühle? Gefühle dienen dazu, die Aufmerksamkeit zu bündeln und auf etwas zu richten. Gefühle motivieren uns, ein bestimmtes Ziel konsequent zu verfolgen und es zu erreichen.[116] Evolutionär kann man sich das etwa so vorstellen: Begegneten Neandertaler einem Bären, verspürten sie (vermutlich) Angst, was dazu führte, dass sie vor dem Bären flohen und so überleben konnten. Auch heutzutage haben Gefühle die Funktion, Personen auf etwas hinzuweisen, um so ein Ziel zu erreichen.

Das Ziel des Neandertalers war es, zu überleben. Heutige Ziele sind meist weniger gravierend, dafür diversifizierter. Auch haben sich die Mittel geändert, mit denen sich Personen ihrem Ziel annähern. Denn Weglaufen ist nicht immer das sinnvollste und probateste Mittel für Momente, in denen wir Angst haben. Wenn ich beispielsweise einen wichtigen Vortrag vor mir habe und kurz vor dem Vortrag Angst verspüre, dann ist es nicht förderlich und meinen Zuhörenden gegenüber nicht fair, mich davonzustehlen.

Was wäre eine Alternativstrategie? Ich könnte beginnen, meine Angst besser kennenzulernen, um so zu differenzieren, ob es eine bedrohliche Angst oder schlichtes Lampenfieber ist, das ich verspüre. Letzteres würde zu einer Vortragssituation dazugehören. Zu wissen, dass Angst und Nervosität in dieser Situation normal sind, könnte mir helfen, diese Empfindungen zu akzeptieren und darauf zu vertrauen, dass sie vergehen, sobald ich mit dem Vortrag begonnen habe. Wir tun also gut daran, unsere eigenen Gefühle zu beobachten und uns mit ihnen anzufreunden. Kurz innezuhalten und dem Gefühl nachzuspüren, das mich bedrückt und danach drängt, gehört zu werden. Freundschaft mit dem Gefühl schließen und fragen, was es mir sagen möchte. Vielleicht sagt es mir: »Hey, da sind ganz schön viele Personen im Saal, bemüh dich bitte und halte einen guten Vortrag!« Dann werde ich dem Gefühl zulächeln und sagen: »Ja, das werde ich.« Gefühle brauchen unsere Aufmerksamkeit und es hilft nicht, vor ihnen davonzulaufen, denn sie sind immer schneller und holen uns irgendwann ein.

Wie verhält es sich nun mit den Gefühlen im Beziehungsalltag? Auch diese Gefühle haben eine Funktion und ein Ziel. Wenn Malte traurig ist, dann lenkt das seine Aufmerksamkeit darauf, dass er sich Momente der Geborgenheit mit Louis wünscht. Er wird versuchen, diese Momente bewusst aufzusuchen. Spürt Malte hingegen Wut auf Louis, möchte er ihn möglicherweise mit einer Unstimmigkeit konfrontieren und Louis' Perspektive hören. Gefühle sind somit auch im Beziehungsalltag ein wichtiger Kompass und machen uns darauf aufmerksam, was wir brauchen und wollen.

Manchmal kann es jedoch sein, dass wir den Kontakt zu unseren Gefühlen verloren haben und sie nicht mehr differenziert spüren können. Das Fühlen fühlt sich matt an und die Gefühle liegen unter einer Watteschicht, dumpf und unklar. Dann müssen wir uns erst sorgsam wieder den Kontakt zu den Gefühlen erarbeiten. Diese können am Anfang leise und diffus anmuten, aber wir können sukzessive beginnen, ihnen wieder zuzuhören. Manchmal hilft es, sich hierfür am Morgen ein paar Minuten Zeit zu nehmen – Zeit nur für sich. Sei es bei der morgendlichen Tasse Kaffee, beim Spazierengehen oder beim Warten auf den Bus. Es kann helfen, sich die Hand leicht auf den Bauch zu legen, um sich mit sich selbst zu verbinden, vielleicht kurz die Augen zu schließen und sich zu fragen:

»Was fühle ich gerade?« Vielleicht kommt nicht sofort eine Antwort und vielleicht ist die Antwort auch ungewohnt oder unangenehm. Und wenn sich ein Gefühl nicht klar benennen lässt, kann es auch helfen, zu erspüren, wo sich das Gefühl im Körper – im Bauch, im Brustkorb – breitmacht. Auf sich und seine Gefühle zu hören, ist ein zentraler Schlüssel dafür, dass wir mit uns selbst verbunden bleiben und gleichzeitig das entwickeln, was in uns steckt. Denn wenn wir nicht fühlen, haben wir kein inneres Ziel. Und ohne ein inneres Ziel ist persönliche Entwicklung schwer möglich.

Gefühle haben aber nicht nur eine Bedeutung für uns selbst, sondern auch eine Wirkung nach außen. Insbesondere negative Gefühle haben eine Signalwirkung und können eine Reihe von Kommunikationszielen beim Gegenüber aktivieren.[117] Wenn Louis beispielsweise die Traurigkeit von Malte wahrnimmt, könnte er versuchen, für ihn da zu sein, ihm zuzuhören und ihn in den Arm zu nehmen. Wenn Louis hingegen Maltes Wut bemerkt, könnte er sich in eine Habachtstellung bringen und sich darauf vorbereiten, sich möglicherweise verteidigen zu müssen. Gefühle sind also auch und gerade im Beziehungskontext wichtig, weil sie uns und unserem Partner oder unserer Partnerin vermitteln können, was unsere Ziele und Bedürfnisse sind.

Die wenigsten Menschen verspüren gerne vermeintlich negative Gefühle, wie Traurigkeit oder Wut. Insbesondere dann nicht, wenn andere Personen Beobachter:innen dieser Gefühle sind. Weil negative Gefühle als unangenehm empfunden werden, versuchen wir, unsere Gefühle und Empfindungen zu kontrollieren und in Schach zu halten. Wir spüren diese leise Eifersucht in uns aufkommen und schlucken sie gleich wieder runter. Wer möchte schon ein eifersüchtiger Partner oder eine eifersüchtige Partnerin sein? Aber gerade in Partnerschaften dürfen negative Gefühle ihren Platz haben. Denn während wir in anderen Beziehungen – etwa mit Arbeitskolleg:innen – Traurigkeit oder Wut eher zügeln, so dürfen wir diese Gefühle in engen Beziehungen, wie der Partnerschaft, zeigen. Und mehr noch: Partner:innen erwarten oft implizit, dass negative Gefühle ihren Platz in der Beziehung haben. »Wenn du traurig bist, möchte ich die Person sein, die dich tröstet. Ich bin mitverantwortlich für die Gefühle, die du hast, und möchte dazu beitragen, dass es dir gut geht. Im Umkehrschluss erwarte ich aber auch, dass du für mich da bist und auf meine Bedürfnisse eingehst, wenn es mir nicht gut geht.« So oder so ähnlich könnte die ausgesprochene oder unausgesprochene Vereinbarung in einer Beziehung lauten.

Nicht immer fällt es leicht – gerade vor der Person, die uns wichtig ist und vor der wir in einem besonders guten Licht dastehen wollen –, vermeintliche Schwäche zu zeigen. Auch unterscheiden sich Personen darin, wie leicht es ihnen fällt, negative Gefühle zum Ausdruck zu bringen. So fällt es sicher gebundenen Personen leichter, Sorgen und Traurigkeit zu zeigen, während es unsicher gebundenen Personen schwerer fällt, diese Gefühle zum Ausdruck zu bringen.[118] Aber gerade im geborgenen Rahmen einer Beziehung kann es guttun, sich so zu zeigen, wie man ist, und das Gegenüber an den eigenen Empfindungen teilhaben zu lassen. Mit all den Sorgen und Zweifeln, die dazugehören. Wir tun also gut daran, den eigenen Gefühlen nachzuhorchen, sie kennenzulernen und auszusprechen – die schönen wie die vermeintlich unschönen.

Ich möchte Sie daher zu einer Übung einladen, bei der es darum geht, Ihre eigenen Gefühle in der Beziehung besser kennenzulernen.[119] Sie können so nach und nach verschiedene Situationen mit verschiedenen Gefühlen erforschen. Dadurch können Sie entdecken, welche Gefühle in Ihrem Alltagsalltag relevant sind und wie sich diese Gefühle ausdrücken. Lassen Sie uns hier mit dem Gefühl der Wut beginnen.

Übung 1. Meine Gefühle in der Beziehung

Nehmen Sie sich einen Moment Zeit und denken Sie an die letzte Situation, in der Sie wütend auf Ihren Partner oder Ihre Partnerin waren. Wenn Sie eine Situation gefunden haben, versuchen Sie, folgende Fragen zu beantworten und Ihre Antworten zu notieren.

- Was hat dazu geführt, dass Sie wütend waren?
- Welche körperlichen Reaktionen haben Sie gespürt?
- Welchem inneren Impuls wären Sie gerne gefolgt?
- Wie haben Sie sich tatsächlich verhalten?
- Wie hat sich Ihr Partner oder Ihre Partnerin verhalten?
- Wie viel Kontrolle hatten Sie über Ihre Gefühle?
- Wie haben Sie sich direkt nach der Situation gefühlt?
- Wie vorhersagbar waren Ihre Gefühle – für Sie selbst und für Ihren Partner oder Ihre Partnerin?

Denken im Beziehungsalltag

Neben dem Fühlen ist das Denken im Beziehungsalltag relevant. Vielen Menschen ist es fast nicht möglich, etwas zu fühlen, ohne gleichzeitig auch etwas zu denken – oder etwas zu denken, ohne gleichzeitig auch etwas zu fühlen. Im Beziehungsalltag ist unter anderem die Beziehungseinstellung, die Partner:innen haben, bedeutsam. Lassen Sie uns das anhand von Malte und Louis veranschaulichen.

Die Bedeutsamkeit der Beziehungseinstellung

Menschen verfügen über eine Reihe von individuellen Theorien, Zuschreibungstendenzen, Einstellungen und Erwartungen, die ihnen dabei helfen, die Erlebnisse des Alltags besser einzuordnen und zu verstehen.[120] Diese Aspekte sind auch für Beziehungen relevant, wie sich am Beispiel der *Beziehungseinstellung* zeigt.[121] Die Beziehungseinstellung einer Person drückt sich in ihrer Haltung gegenüber der Beziehung aus, in ihren Erwartungen und darin, wie sie das Verhalten des Partners oder der Partnerin bewertet.

Anhand von Abbildung 2 können wir durchspielen, welche Rolle die Beziehungseinstellung im Beziehungsalltag von Louis und Malte spielt. Stellen wir uns folgende Situation vor: Louis kommt nach einem langen Arbeitstag nach Hause und hat eine wichtige Abgabe hinter sich gebracht hat. Malte überrascht ihn mit seiner Lieblingsschokolade. Wie bewertet Louis die Situation?

Bei einer positiven Beziehungseinstellung, in der Abbildung als erster Pfad ganz links dargestellt, würde Louis Maltes Verhalten als sehr einfühlsam und als ein Zeichen seiner Liebe und Wertschätzung bewerten. Entsprechend können wir uns vorstellen, dass Louis und Malte einen schönen Abend miteinander verbringen. Wie würde sich der Abend gestalten, wenn Louis statt einer positiven Beziehungseinstellung eine negative Beziehungseinstellung hätte? Bei einer negativen Beziehungseinstellung, in der Abbildung als dritter Pfad dargestellt, würde Louis das genau gleiche Verhalten von Malte – er überrascht ihn mit seiner Lieblingsschokolade – negativ bewerten: als seltene Nettigkeit und Wiedergutmachung für seine Abwesenheit in der letzten Woche.

Wir sehen an diesem Beispiel, dass das genau gleiche positive Verhalten (Malte überrascht Louis mit seiner Lieblingsschokolade) von Louis einmal als liebevolle Handlung (im Szenario mit Louis' positiver Beziehungseinstellung) und einmal als seltene Nettigkeit (im Szenario mit Louis' negativer Beziehungseinstellung) interpretiert wird. Hat sich diese negative Beziehungseinstellung erst einmal festgesetzt, fällt es schwer, positive und unbeschwerte Be-

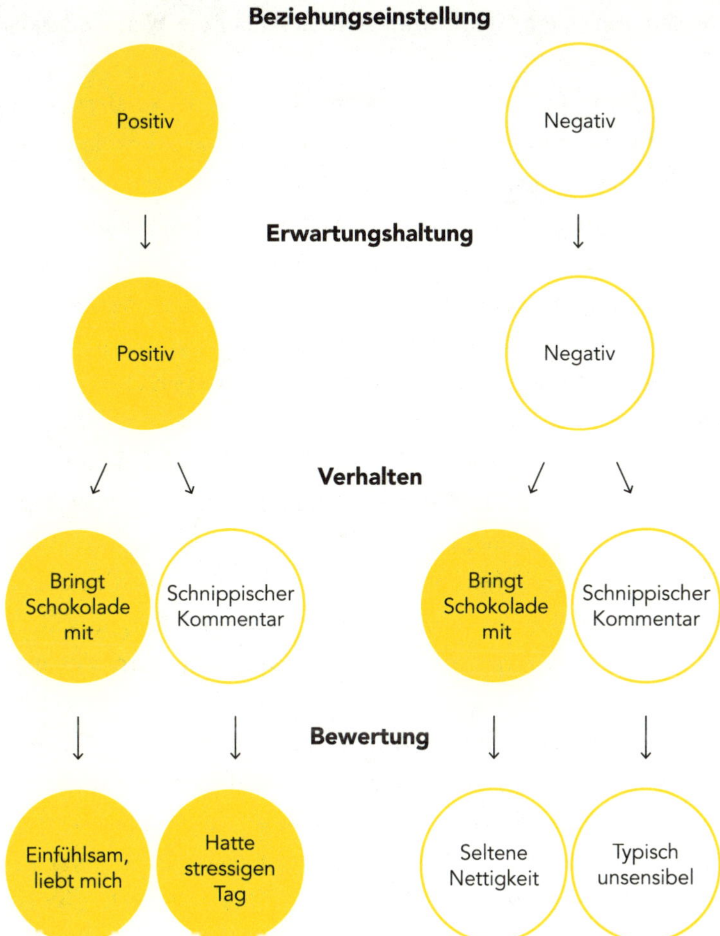

Abbildung 2. Wie unsere Beziehungseinstellung unseren Beziehungsalltag prägt

ziehungsmomente zu erleben. Das Vorzeichen, unter dem der Beziehungsalltag steht, ist schon gesetzt. Denn Personen haben die Tendenz, in ihren bereits bestehenden Einstellungen bestätigt zu werden, um so ein Gefühl von Sicherheit über die Welt – oder die Beziehung – zu erlangen.[122]

Wie ist es nun, wenn sich Malte nicht positiv, sondern negativ verhält? Wenn er in besagter Situation keine Schokolade mitbringt, sondern den schnippischen Kommentar macht, dass Louis aber starke Augenringe habe. Bei einer positiven Beziehungseinstellung, die wir als zweiten Pfad in der Abbildung sehen, wird Louis Maltes schnippischen Kommentar so bewerten, dass er vielleicht einen anstrengenden und mühsamen Tag bei der Arbeit hatte und es wohl nicht so gemeint hat. Hätte Louis hingegen eine negative Beziehungseinstellung, was in der Abbildung als vierter Pfad ganz rechts dargestellt ist, würde die negative Beziehungseinstellung wie ein Brennglas wirken und Maltes Bemerkung würde als typisch unsensibel bewertet werden. »War ja klar, dass er das sagt; er nimmt überhaupt nicht wahr, wie sehr ich mich anstrenge«, würde es Louis durch den Kopf gehen. Wir können uns gut vorstellen, dass Louis und Malte daraufhin einen nicht so schönen Abend verbrächten.

Sich der eigenen Gedanken bewusst sein

Die beschriebenen Szenarien verdeutlichen, dass nicht nur das tatsächlich gezeigte Verhalten – eine liebevolle Geste oder ein schnippischer Kommentar – zählt. Denn es sind auch die zugrunde liegenden Zuschreibungstendenzen, die darüber entscheiden, ob ein Verhalten positiv oder negativ bewertet wird. Diese Bewertung wiederum entscheidet über die weitere Entwicklung eines Abends, vieler Abende und damit der ganzen Beziehung. Denn erwarten wir Positives, erleben wir tendenziell mehr Positives in unserem Beziehungsalltag; erwarten wir Negatives, erleben wir tendenziell mehr Negatives in unserem Beziehungsalltag. Dies wiederum beeinflusst, wie zufrieden wir in der Beziehung sind.[123] Achten Sie also nicht nur darauf, wie sich Ihr Partner oder Ihre Partnerin verhält, sondern achten Sie auch darauf, welche Wahrnehmungs- und Bewertungsfilter bei Ihnen aktiv sind. Folgende Fragen können in einer konkreten Situation hilfreich sein.

Übung 2. Der eigene Wahrnehmungs- und Bewertungsfilter

Lesen Sie sich die folgenden drei Fragen durch und notieren Sie Ihre Gedanken in Bezug auf eine konkrete Situation, die Sie kürzlich mit Ihrem Partner oder Ihrer Partnerin erlebt haben.

- Als wie stabil empfinden Sie das Verhalten Ihres Partners oder Ihrer Partnerin? Beispiel: Bereitet er oder sie ausnahmsweise eine Überraschung oder überrascht er oder sie Sie öfter mit etwas Schönem?
- Wo sehen Sie den Grund für das Verhalten Ihres Partners oder Ihrer Partnerin? Beispiel: Hatte er oder sie einen stressigen Tag bei der Arbeit oder ist das Verhalten Teil seiner oder ihrer Person?
- Wie spezifisch ist das Verhalten? Beispiel: Hat er oder sie bloß einen schnippischen Kommentar gemacht oder verhält er oder sie sich auch mit anderen Verhaltensweisen abschätzig Ihnen gegenüber?

Je stärker wir ein bestimmtes Verhalten als stabiles Merkmal der anderen Person ansehen, desto eher rechnen wir damit, dass dieses Verhalten auch in Zukunft häufig zu sehen sein wird. Haben wir hingegen den Eindruck, dass das Verhalten einmalig vorkam, so gehen wir nicht davon aus, dass es sich in Zukunft wiederholen wird, und begegnen den Herausforderungen im Beziehungsalltag mit einer offeneren und wohlwollenderen Haltung.

Handeln im Beziehungsalltag

Die dritte zentrale Komponente im Beziehungsalltag ist das Handeln. Wie wir in den vorherigen Beispielen bei Malte und Louis gesehen haben, besteht der Beziehungsalltag aus vielen kleinen Verhaltensweisen, etwa wie Partner:innen einander unterstützen und wie sie miteinander kommunizieren. Die Forschenden Sillars und Vangelisti (2006) gingen gar so weit, zu sagen, dass Partnerschaft und Kommunikation so stark miteinander verflochten seien, dass man gar nicht über den einen Aspekt reden könne, ohne auch über den anderen zu sprechen.[124] Die Art der Kommunikation ist deshalb so entscheidend, weil es im Beziehungsalltag immer wieder Situationen gibt, in denen Partner:innen unterschiedliche Bedürfnisse haben und diese Unterschiede zu Konflikten führen können, wenn nicht rechtzeitig und offen darüber gesprochen wird.

Bei Malte und Louis beispielsweise liegen unterschiedliche Bedürfnisse hinsichtlich der gemeinsam verbrachten Zeit vor, wodurch dieses Thema konfliktträchtig ist. Malte würde gerne mehr Zeit mit Louis verbringen. Er kann dieses Bedürfnis aber nicht unmittelbar realisieren, da sich Louis auf einen Triathlon vorbereiten möchte und daher Trainings- und Regenerationszeit für sich braucht. Es wird also unweigerlich Situationen geben, in denen Maltes und Louis' Bedürfnisse nicht miteinander vereinbar sind. Unstimmigkeiten dieser Art sind völlig normal – schließlich führen wir eine Beziehung mit einer anderen Person, die andere Ziele und Bedürfnisse haben kann und darf. Entscheidend ist, *wie* wir mit diesen unterschiedlichen Bedürfnissen umgehen. Und hier kommt die Kommunikation ins Spiel. Wenn Louis konstant die Vorschläge von Malte, gemeinsam einen Spaziergang zu machen oder ins Museum zu gehen, ausschlägt, wird Malte schleichend unzufriedener. Und wenn Louis immer wieder davon ablässt, für den Triathlon zu trainieren, um Zeit mit Malte zu verbringen, wird Louis sukzessive unzufriedener. Diese wachsende Unzufriedenheit führt früher oder später in vielen Beziehungen zu einer Trennung, da bei der einen Person das Bedürfnis nach Nähe brachliegt oder die andere Person ihren Individualzielen zu wenig nachgehen kann. Bei welchen Themen liegen in Ihrer Beziehung unterschiedliche Bedürfnisse vor? Und welche Themen sorgen in Ihrer Beziehung für Konflikte?

Übung 3. Konfliktthemen in unserer Beziehung

Paare streiten sich über vielfältige Themen. Beispiele sind die Aufteilung von Hausarbeiten, die Möglichkeit zur eigenen Entwicklung, die Kindererziehung, die Sexualität, unterschiedliche Einstellungen zu Sport, Ernährung oder Freizeit.

Denken Sie an Ihre Beziehung und schreiben Sie Ihre Konfliktthemen auf. Folgende Fragen können Ihnen dabei behilflich sein.

- Worüber streiten Sie häufig?
- Bei welchen Themen haben Sie als Partner:innen unterschiedliche Bedürfnisse und geraten darüber immer wieder in Streit?
- Gibt es Themen, die Sie immer wieder in eine vermeintlich ausweglose Situation bringen?

Kommunikation im Konflikt

Die Art, wie wir in Konflikten miteinander umgehen und miteinander kommunizieren, ist bedeutsam – für das Wohlergehen der Beziehung und für unser eigenes Wohlergehen.[125] Sehen wir uns hierfür an, wie Malte und Louis miteinander kommunizieren. Wie wir bereits eingangs des Kapitels gesehen haben, haben Malte und Louis unterschiedliche Persönlichkeiten, was sich auch in den Konfliktsituationen zeigt, die sie miteinander erleben. Während Louis seine Verstimmtheit aktiv mitteilt, fügt sich Malte den Gegebenheiten; ohne Groll und mit dem Vertrauen, dass sich eine konfliktbeladene Situation wieder auflösen wird.

Das Verhalten, das Louis zeigt, wird in der Forschung als »die Stimme erheben« bezeichnet[126]: Partner:innen sind bemüht, Unstimmigkeiten anzusprechen, eine Lösung zu finden und die Situation aktiv zu verbessern. Partner:innen, die die Stimme erheben, sind bemüht, an sich und der Beziehung zu arbeiten. Demgegenüber wird das Verhalten, das Malte zeigt, in der Forschung als »Loyalität« beschrieben. Partner:innen warten wohlwollend ab, hoffen darauf, dass sich die Situation verbessert, und sind bereit, dem Partner oder der Partnerin zu vergeben, wenn er oder sie ausfallend gewesen sein sollte.

Wie Abbildung 3 zeigt, sind beide Verhaltensweisen – die Stimme erheben und Loyalität – auf der Seite der konstruktiven Verhaltensweisen anzusiedeln.[127] Verschieden ist jedoch, wie die Abbildung zeigt, ihr Grad an Aktivität. Die Stimme erheben ist eine aktive Strategie, während Loyalität eine passive Strategie ist.

Auf der Seite der destruktiven Verhaltensweisen stehen ebenfalls zwei Verhaltensweisen, die sich in ihrem Grad an Aktivität unterscheiden. Eine destruktive, aktive Strategie wäre der »Ausstieg«. Darunter sind Verhaltensweisen zu subsumieren, die den Partner oder die Partnerin aktiv verletzen, kritisieren sowie ihn oder sie in

Abbildung 3. Das Vier-Felder-Schema

Frage stellen. Unter diese Strategie fällt auch das Androhen oder das tatsächliche Durchführen einer Trennung. Eine destruktive, passive Strategie wäre »Vernachlässigung«. Darunter sind Verhaltensweisen zu verstehen, bei denen der Partner oder die Partnerin ignoriert wird oder weniger Zeit als üblich miteinander verbracht wird. Auch wird dem Problem aus dem Weg gegangen oder davon abgelenkt, indem der Partner oder die Partnerin für Aspekte kritisiert wird, die nichts mit dem Problem zu tun haben (etwa: »Wie du heute Morgen den Nachbarn gegrüßt hast, war unfreundlich.«).

Die meisten Menschen verkörpern nicht gänzlich einen Streittyp, sondern tragen verschiedene Konflikttendenzen in sich. Je nach Kontext und Thema des Streits können bestimmte Verhaltenstendenzen aktiviert werden. Beispielsweise kann jemand beim Thema Ordnung wohlwollend abwartend sein, während er beim

Thema Vereinbarkeit von Familie und Beruf aktiv das Gespräch sucht, um Lösungsmöglichkeiten zu diskutieren – oder umgekehrt. Problematisch wird es, wenn die Rollenverteilung in den Konflikttendenzen zu starr ist. Im Extremfall würde es dann eine Person geben, die alles benennt und thematisiert, und eine Person, die immerzu vertrauensvoll abwartet. Für manche Paare kann das stimmig sein. Für andere Paare ist es wirksamer und konstruktiver, wenn sie die aktiven und passiven Rollen in ihren Konflikten fluider gestalten.

Wie sieht Ihr Konfliktstil aus? Gibt es eine Verhaltensweise, zu der Sie verstärkt neigen? Und gibt es Verhaltensweisen, die Sie noch nie gezeigt haben, aber gerne einmal ausprobieren würden? Übung 4 lädt Sie auf eine Konfliktentdeckungsreise ein.

Übung 4. Die eigene Konfliktentdeckungsreise

Denken Sie an Ihre Konfliktthemen aus Übung 3 zurück und beantworten Sie für sich folgende Fragen.

- Wie verhalten Sie sich tendenziell, wenn Konfliktthemen zur Sprache kommen?
- Ist Ihr Verhalten über alle Konfliktthemen hinweg ähnlich oder ist es je nach Konfliktthema unterschiedlich?
- Können Sie ausfindig machen, warum Ihr Verhalten ähnlich oder unterschiedlich ist?

Nun überlegen Sie sich bei jedem dieser Konfliktthemen, welcher Konfliktstil für Sie ganz persönlich der stimmigste wäre.

- Gibt es Themen, bei denen es Ihnen wichtig wäre, dass Sie alle Gefühle und Gedanken offen auf den Tisch legen und dieses Thema ausdiskutieren, bis eine Lösung gefunden wird?
- Und gibt es Themen, bei denen Vertrauen und Abwarten besser wären?
- Was brauchen Sie, damit Sie diese Konfliktstile umsetzen können?

Nehmen Sie diese Gedanken mit und begeben Sie sich kommende Woche weiter auf Konfliktentdeckungsreise. Beobachten Sie, zu welcher der vier Konfliktstrategien Sie am stärksten neigen und wann es Ihnen leichter oder schwerer fällt, eine andere Konfliktstrategie als üblich zu zeigen.

Um Konflikte genauer zu verstehen, beobachtete der Beziehungsforscher John Gottman Paare dabei, wie sie sich während eines Streits verhielten und wie sie miteinander kommunizierten. Hierfür lud Gottman Paare zu sich ins Untersuchungslabor ein. Die Partner:innen wurden dazu aufgefordert, sich über ein für sie konfliktträchtiges Thema zu streiten – und wurden dabei gefilmt. Sie glauben nicht, dass sich Paare wahrheitsgemäß vor laufender Kamera streiten? Erstaunlicherweise tun sie es. Nach den ersten Sekunden der verlegenen Zurückhaltung scheint es, dass die meisten Paare nach gewohnten Mustern zu streiten beginnen. Jahre später wurden die Partner:innen befragt, ob sie noch zusammen seien. Die Forschenden konnten durch diesen Versuchsaufbau herausfinden, welche Konfliktmuster dazu führten, dass sich Paare später tendenziell trennten, und welche dazu beitrugen, dass Paare zusammenblieben. Bei den im nachfolgenden Kasten dargestellten Verhaltensweisen beobachteten Gottman und Kollegen, dass sie destruktiv für Beziehungen sind.[128]

Destruktive Verhaltensweisen während eines Konflikts

Die folgenden Verhaltensweisen während eines Konflikts erschweren das Lösen des Problems und ziehen die Beziehung in Mitleidenschaft.

Feindseligkeit

- **Niedermachen:** Ein Kommentar, der die andere Person verletzen oder erniedrigen soll.
- **Kritik:** Eine feindselige Aussage oder eine Missbilligung des Verhaltens des Partners oder der Partnerin.
- **Negatives Gedankenlesen:** Eine Aussage, die dem Partner oder der Partnerin negative Gedanken oder Gefühle unterstellt.
- **Ekel zeigen:** Eine nonverbale Geste, die Abscheu, Missfallen, Ablehnung oder Uneinigkeit zum Ausdruck bringt.

Entwertung

- **Widersprechen:** Eine Aussage, die der Meinung des Partners oder der Partnerin entgegensteht.
- **Verantwortung von sich weisen:** Eine Aussage, die nahelegt, dass die Person selbst oder das Paar für ein bestimmtes Problem nicht verantwortlich sei.
- **Unterbrechen:** Die zuhörende Person unterbricht und fällt der sprechenden Person ins Wort.
- **Entschuldigen:** Irgendeinen Grund als Entschuldigung vorbringen.
- **Nicht entgegenkommen:** Einer Bitte oder Forderung nicht nachkommen.

Rückzug

- **Vermeiden:** Die andere Person meiden oder sich ihr verschließen.
- **Nicht antworten:** Keine Antwort geben oder keinen Beitrag zur gemeinsamen Diskussion leisten.
- **Kein Blickkontakt:** Keinen Blickkontakt halten oder einen glasigen Blick haben.
- **Räumliche Entfernung vergrößern:** Auf räumlichen Abstand zum Partner oder zur Partnerin gehen oder eine körperliche Barriere zwischen sich und dem Partner oder der Partnerin aufbauen (z. B. die Arme verschränken).

Was macht diese Verhaltensweisen so destruktiv? Zum einen ist es das *negative Aufschaukeln*, das entsteht. Das negative Verhalten der einen Person wird durch noch negativeres Verhalten der anderen Person übertroffen. So kann beispielsweise Maltes bloße Feststellung »Im Garten liegen viele Blätter« von Louis als Kritik aufgefasst werden und dazu führen, dass er entgegnet: »Mach die Blätter doch selbst weg.« Daraufhin wird sich Malte verteidigen wollen und das negative Aufschaukeln nimmt seinen Lauf. Diese Negativität zeigt sich nicht nur in den ausgesprochenen Worten, sondern auch im nonverbalen und paraverbalen Ausdruck. Denn selbst wenn Louis nichts sagen würde, würden seine verschränkten Arme und die gerunzelte Stirn Bände sprechen. Oder wenn er etwas sagen würde, würde der spitze Unterton in seiner Stimme verraten, wie er zu der Aussage von Malte steht. Dadurch manövrieren sich Partner:innen in eine Kaskade aus Negativität, die es ihnen erschwert, das tatsächliche Problem effektiv zu lösen und den Grund des Konflikts zu verstehen.[129]

Zum anderen greift bei destruktiven Verhaltensweisen ein Mechanismus, der als *Forderungs-Rückzugs-Muster* beschrieben wird.[130]

Dieses Muster besteht aus Forderungen der einen Person und aus Rückzug der anderen Person. Die eine Person drückt einen Wunsch aus und die andere Person geht nicht auf diesen Wunsch ein. Beispielsweise könnte Louis darum bitten, dass Malte abends mal wieder etwas kocht. Malte würde daraufhin nichts entgegnen, sondern wortlos die Küche verlassen. Dieses Muster könnte sich über die Zeit verfestigen und intensivieren, indem mehr Forderung mehr Rückzug nach sich zöge. Über die Zeit hinweg könnte sich zudem die Melodie in diesem Muster verändern: Während Louis seine Wünsche zu Beginn konstruktiv äußerte, könnten diese nun immer mehr zu Forderungen werden und Malte könnte beginnen, sich daraufhin demonstrativer zurückzuziehen. Die Fronten würden sich verhärten.

Die apokalyptischen Reiter

John Gottman fasste einige der destruktiven Verhaltensweisen als »vier apokalyptische Reiter« zusammen.[131] Wenn sie sich nähern, heißt das oft nichts Gutes für das Beziehungswohl, denn dann sind Partner:innen im beschriebenen negativen Aufschaukeln und Forderungs-Rückzugs-Muster gefangen. Die apokalyptischen Reiter sind in Abbildung 4 dargestellt. Wodurch kennzeichnen sie sich?

Immer, jedes Mal und nie: Auf Kritik folgt Verteidigung

Der erste Reiter ist die *Kritik*. Kritik ist abzugrenzen von der Konfliktstrategie »die Stimme erheben«, die wir bereits kennengelernt haben. Die Stimme zu erheben, ist eine konstruktive Konfliktstrategie, die für Beziehungen wichtig ist. Denn Partner:innen können dadurch mitteilen, was in ihnen vorgeht, und so Probleme gemeinsam lösen. Wenn zu lange geschwiegen wird, obwohl etwas bedrückt, kann sich die Unzufriedenheit auf anderen Wegen Ausdruck ver-

Abbildung 4. Die apokalyptischen Reiter

leihen – etwa durch destruktiv geäußerte Kritik. Diese destruktive Form der Kritik äußert sich in Sätzen wie »Immer bist du zu spät dran« oder »Nie kann ich mich auf dich verlassen«. Das besonders Tückische an diesen Formulierungen sind die kleinen Worte »immer« und »nie«, denn sie schließen die Vergangenheit und die vorgestellte Zukunft mit ein. Dadurch wird eine allumfassende Kritik an der Person geübt, die nahelegt, dass die Person immer schon problematisch war und auch in Zukunft problematisch sein wird.

Auf diese Form der Kritik kann das Gegenüber oft nur mit *Verteidigung* reagieren, was den zweiten Reiter darstellt. Denn eine generalisiert geäußerte Kritik trifft den Kern der Persönlichkeit. Ich werde nicht für ein bestimmtes momentanes Verhalten kritisiert, sondern – so fühlt es sich an – dafür, dass ich so bin, wie ich bin. Der Reflex der Verteidigung ist daher verständlich. Allerdings führt der Schlagabtausch aus Kritik und Verteidigung zu der oben beschriebenen Kaskade, bei der sich beide Partner:innen in ihrer Negativität gegenseitig hochschaukeln. Paare, die in diesem Pingpong aus Kritik und Verteidigung gefangen sind, werden in ihrer Beziehung tendenziell unzufriedener.

Demonstrative Gleichgültigkeit und Verachtung

Zu dieser Unzufriedenheit mischt sich oft der dritte Reiter, die *demonstrative Gleichgültigkeit und Verachtung.* In den Augen von John Gottman ist dieser Reiter einer der schädlichsten und schmerzhaftesten für Paare. Verachtung tritt nicht plötzlich auf, sondern entsteht über einen längeren Zeitraum, in dem negative Gedanken genährt werden und irgendwann in dargestellter Gleichgültigkeit und Verachtung ihren Ausdruck finden. Diese äußern sich oft ohne Worte, aber dafür umso bissiger. Ein Zeichen von zur Schau gestellter Gleichgültigkeit und Verachtung ist etwa das Augenrollen, was bei der anderen Person Frust und Zorn auslösen kann. Denn mit Augenrollen entzieht sich die Person dem gemeinsamen Gespräch und der konstruktiven Kommunikation. Im Eifer des Gefechts können Verletzungen und Wunden aufgerissen werden. Partner:innen wissen meist die persönlichsten Empfindungen voneinander und das kann in der Phase der Verachtung zum Verhängnis werden. Sie setzen das Persönliche und Intime gezielt ein, um die andere Person bloßzustellen und zu kränken. Paare, die in demonstrativer Gleichgültigkeit und gegenseitiger Verachtung gefangen sind, haben es oft schwer, aus dieser Abwärtsspirale alleine wieder herauszufinden.

Rückzug und Mauern

Der vierte Reiter, den John Gottman beobachtet hat, ist Rückzug und Mauern. Durch Rückzug und Mauern nehmen sich Personen aus der Schusslinie und lassen die Kritik ins Leere laufen. Der Rückzug kann laut und demonstrativ sein, etwa wenn die eine Person im Streit die Türe hinter sich zuschlägt und den Raum verlässt. Der Rückzug kann aber auch leise und subtil stattfinden, etwa wenn die eine Person während des Gesprächs zur Zeitung greift oder mit Hingabe die eigenen Fingernägel mustert. Ob laut oder leise, die unterschwellige Nachricht beim Rückzug und Mauern ist: »Ich habe kein Interesse, mit dir zu reden.« Dieses Zeichen schmerzt und kann daher zu weiterer Verhärtung und Entfremdung in der Partnerschaft führen.

Die Zwickmühle im Konflikt erkennen

Das Herausfordernde an Konflikten ist, dass sie sich oft wie eine Zwickmühle anfühlen. Denn sie verlangen, zwei Ziele gleichzeitig im Blick zu haben: Auf der einen Seite soll das eigene Selbst geschützt werden, etwa dadurch, dass man sich nicht verletzlich zeigt oder nicht preisgibt, was einen kränken würde. Auf der anderen Seite soll eine glückliche und stabile Beziehung aufgebaut und das zugrunde liegende Problem gelöst werden, indem man miteinander in Austausch tritt.[132] Im besten Fall stehen beide Ziele – Selbstschutz und Beziehungsschutz – nicht im Widerspruch, sondern laufen Hand in Hand.

Stellen wir uns folgende Situation vor: Malte spricht an, es verletze und kränke ihn, dass Louis durch seine Vorbereitung auf den Triathlon wenig Zeit für ihn hat. Wenn Louis das nur belächelt, abtut oder zum Gegenangriff ausholt, wird Malte gekränkt sein und sein Selbst in Zukunft besser zu schützen versuchen. In diesem Szenario verliert das Ziel, gemeinsam an der Beziehung zu arbeiten, an Bedeutung, weil das Ziel, sich selbst zu schützen, wichtiger geworden ist. Wenn Louis die Sorgen und Gefühle von Malte hingegen ernst nimmt und ihn in seiner Verletztheit sieht, reicht er Malte die Hand. Das Wagnis, sich verletzlich zu zeigen, kann dann zu einer authentischeren Begegnung und stabileren Beziehung beitragen und das Selbst muss nicht vor Angriffen geschützt werden.

Wir sehen an diesem Beispiel, dass in Momenten des Konflikts ein Beziehungscharakteristikum nochmals deutlich zutage tritt: Beziehungen sind interdependent, das eigene Fühlen, Denken und Handeln ist immer abhängig vom Fühlen, Denken und Handeln des Partners oder der Partnerin.[133] Ist mein Gegenüber offen und wertschätzend, fühle ich mich eher sicher. Ist mein Gegenüber abschätzig und verletzend, fühle ich mich eher verunsichert. In wenigen Situationen offenbart sich diese Interdependenz so deutlich wie in den herausfordernden Momenten von Krisen und Konflikten. Es sind jene Momente, in denen wir uns entscheiden, wie verletzlich und nah wir uns unserem Partner oder unserer Partnerin zeigen. Nicht immer können wir diese Entscheidung reflektiert und besonnen treffen, insbesondere deshalb nicht, weil wir basierend auf unserer Persönlichkeit oft schon zu einer bestimmten Konfliktstrategie neigen.

Welche Rolle spielt die Persönlichkeit für Konflikte?

Unterschiede in Konfliktstrategien sind oft mit Unterschieden in der Persönlichkeit zu erklären. Wie wir in Kapitel 2 gesehen haben, sind für Beziehungen insbesondere drei Persönlichkeitseigenschaften relevant. Der vulnerable Pol dieser Eigenschaften – die emotionale Instabilität, ein niedriger Selbstwert und ein unsicherer Bindungsstil – kann Personen in Konfliktsituationen zu schaffen machen.

Ist eine Person *emotional instabiler,* wird sie tendenziell über jede Aussage des Partners oder der Partnerin grübeln und ambivalente Aussagen im Zweifel eher negativ interpretieren (»ich bin ihm/ihr nicht wichtig«). Wir haben ein ähnliches Phänomen bereits bei der beziehungsspezifischen Interpretationsverzerrung kennengelernt.[134]

Hat eine Person einen *niedrigen Selbstwert,* kann es ihr schwerfallen, sich in einer Konfliktsituation verletzlich zu zeigen.[135] Denn wie wir in Kapitel 2 gesehen haben, entsteht das eigene Selbstwertgefühl aus den zwischenmenschlichen Erfahrungen, die eine Person gemacht hat. Hat eine Person häufig erlebt, zurückgewiesen zu werden, erwartet sie, dass andere Personen, wie etwa der Partner oder die Partnerin, sie nicht akzeptieren und wertschätzen könnten.[136] Sie wird sich vor Zurückweisung schützen wollen und wenig von sich preisgeben, was dem konstruktiven Lösen von Konflikten wenig zuträglich ist.

Ist eine Person *unsicher gebunden,* kann es ihr schwerfallen, auf die Zuneigung der anderen Person zu vertrauen. Ist sie beispielsweise ängstlich gebunden, stellt sie die Nähe ihres Partners oder ihrer Partnerin eher in Frage und wird ihre Sensorik darauf ausrichten, mögliche Zeichen der Verletzung rechtzeitig zu erkennen, um sich davor schützen zu können.[137] Die ängstlich gebundene Person wird eher denken oder sagen: »Ist dir doch sowieso egal, wie ich mich fühle.« Dieses Verhalten dient dazu, sich in der eigenen Verletzlichkeit nicht zeigen zu müssen, erschwert aber eine konstruktive Konfliktlösung und eine Begegnung.

Hinter den Konflikt steigen

Wir sehen, wie komplex die Kommunikation in einer Beziehung, insbesondere in Konfliktsituationen, ist. Wir sehen aber auch, dass es nicht immer nur die eine richtige Kommunikationsstrategie gibt, sondern dass es auch auf die Situation, das Konfliktthema und die Persönlichkeit beider Partner:innen ankommt. Es ist nicht tragisch, wenn einzelne der negativen Verhaltensweisen ab und zu auftauchen. Problematisch wird es, wenn sich die Verhaltensweisen fest im Alltag von Paaren eingenistet haben. Wenn Paare blockiert sind und sich nicht anders verhalten können, weil sie automatisch in bestimmte Verhaltensmuster fallen. Wenn die apokalyptischen Reiter zum Automatismus geworden sind. Aber das heißt nicht, dass Veränderung nicht möglich ist. Die Veränderung ist nur etwas schwerer. Wie lassen sich Verhaltensweisen ändern und wie können wir hinter den Konflikt steigen?

Es kann hilfreich sein, sich zu vergegenwärtigen, dass sich hinter dem eigentlichen Verhalten, das wir sehen, mehr verbirgt. Denn hinter jedem Konfliktverhalten liegen Erfahrungen, Gefühle und Bedürfnisse, die wie ein Gemisch zusammenwirken und dazu führen, dass Personen mit destruktiven Verhaltensweisen, wie Kritik oder Rückzug, reagieren. Entscheidend ist daher, dass wir beginnen, genau hinzusehen, uns mitzuteilen und zuzuhören.

Kritik konstruktiv äußern

Mitteilen und Zuhören ist nicht immer einfach, denn die wenigsten Personen formulieren oder hören gerne Kritik. Interessanterweise sind Partner:innen später aber oft zufriedener, wenn sie von ihren Partner:innen konstruktiv kritisiert worden sind.[138] Es kann daher von Zeit zu Zeit wertvoll sein, die eigene, lieb gewonnene Konfliktstrategie – etwa die Loyalität – hinter sich zu lassen und eine neue

Strategie auszuprobieren, etwa die Stimme zu erheben. Sagen Sie Ihrem Partner oder Ihrer Partnerin, was Sie beschäftigt!

Wenn wir Kritik äußern, kommt es auf den richtigen Ton an. Denn wenn wir unseren Partner oder unsere Partnerin in einem harschen, vorwurfsvollen und abschätzigen Ton kritisieren, wird das aller Wahrscheinlichkeit nach sich ziehen, dass sich unser Partner oder unsere Partnerin verteidigt und in einem ebenso harschen Ton zur Verteidigung ausholt. Dann sind wir in der negativen Kaskade, die wir bereits kennengelernt haben, gefangen. Wir sollten stattdessen versuchen, möglichst vorwurfsfrei und in Ich-Botschaft das auszusprechen, was uns beschäftigt. Etwa könnte Malte zu Louis sagen: »Ich fühle mich einsam, wenn ich wenig Zeit mit dir verbringen kann.« Diese Form der Kritik trägt eher dazu bei, dass sie von Louis ohne Gegenangriff, aber mit Verständnis und Offenheit angenommen wird.

Die eigene Haltung ändern und ganz im Moment bleiben

Um zu einem positiven Konfliktverlauf beizutragen, kann es zudem hilfreich sein, die eigene Grundhaltung dem Konflikt anzupassen und eine offene und wertschätzende Haltung zu zeigen. Denn der Unterschied zwischen unzufriedenen und zufriedenen Paaren ist nicht nur, ob sie negatives Verhalten zeigen, sondern wie schnell die Negativität zum Selbstläufer wird. Genau an dieser Stelle können wir zur Veränderung ansetzen. Sich liebevoll das Negativ-Stoppschild setzen und bewusst versuchen, auch wohlwollende partnerschaftliche Erklärungen für ein bestimmtes Verhalten in Betracht zu ziehen.

Die im nachfolgenden Kasten beschriebenen Aspekte gelten als konstruktiv und können zu einem positiven Gesprächsverlauf beitragen. Von diesen Verhaltensweisen dürfen Sie während eines Konflikts reichlich zeigen, denn sie helfen dabei, ein positives, entspanntes und wertschätzendes Klima zu schaffen.

Einem Konflikt konstruktiv begegnen

Konstruktives Problemlösen

- **Das Problem beschreiben:** Das Problem in einem neutralen oder positiven Ton beschreiben.
- **Lösung:** Vorschlagen, ein bestimmtes Verhalten (vermehrt) zu zeigen, sowie vorschlagen, ein bestimmtes Verhalten zu vermeiden oder seltener werden zu lassen.
- **Kompromiss:** Eine Lösung aushandeln, bei der sich beide Partner:innen entgegenkommen.

Wertschätzung

- **Einverständnis:** Eine Aussage, die mit jener des Partners oder der Partnerin übereinstimmt.
- **Verantwortung tragen:** Eine Aussage, die zum Ausdruck bringt, dass die Person selbst oder das Paar für ein bestimmtes Problem verantwortlich ist.
- **Entgegenkommen:** Einer Bitte oder Forderung nachkommen.
- **Befürworten:** Die zuhörende Person befürwortet die Zuschreibungen, Handlungen oder Aussagen, die von dem Partner, der Partnerin oder dem Paar getätigt wurden.

Unterstützung

- **Zustimmung und aktives Zuhören**: Die zuhörende Person

sagt »Ja« oder »Mhm« oder nickt, um zu signalisieren, dass sie zuhört, oder um den Redefluss zu erleichtern.

- **Humor:** Unbeschwerter Witz und sorgloser Humor (Achtung: kein Sarkasmus).
- **Positives Gedankenlesen:** Eine Aussage, die bei dem Partner oder der Partnerin positive Gedanken oder positive Gefühle annimmt.
- **Körperliche Berührung:** Eine liebevolle, zärtliche Berührung oder eine Umarmung.

Wir sehen, dass es helfen kann, den Konflikt nicht als persönlichen Angriff, sondern als gemeinsame Herausforderung, anzusehen. Es kann helfen, Verständnis für den Partner oder die Partnerin zu zeigen und gemeinsam über die Situation zu lachen. Damit das gelingt, ist entscheidend, ganz im Moment zu bleiben. Dass wir bewusst versuchen, das wahrzunehmen, was in diesem Moment passiert, und nicht zu generalisieren. Wie gut das gelingt? Probieren Sie es aus! Übung 5 lädt Sie dazu ein.

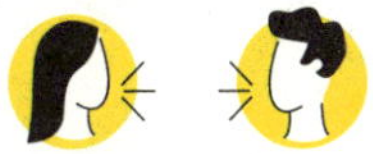

Übung 5. Ganz im Moment fühlen, denken und handeln

Freuen Sie sich auf den nächsten Konflikt mit Ihrem Partner oder Ihrer Partnerin, denn er lädt Sie dazu ein, mehr über Sie selbst zu erfahren!

Wenn Sie einen Konflikt erleben, versuchen Sie während des Konflikts Ihre Gedanken ganz gezielt zu beobachten. Wenn Ihre

Gedanken dazu übergehen wollen, das negative Verhalten Ihres Partners oder Ihrer Partnerin als Persönlichkeitseigenschaft zu interpretieren oder das Verhalten zu generalisieren, bringen Sie Ihre Gedanken liebevoll, aber konsequent auf die jetzige Situation und das jetzige beobachtbare Verhalten zurück. Versuchen Sie ganz in der Situation zu sein und bei dem zu bleiben, was Sie tatsächlich in diesem Moment sehen und erleben, innerlich wie äußerlich.

Wie leicht oder schwer ist Ihnen diese Übung gefallen? Den meisten Personen fällt diese Übung eher schwer. Denn wir neigen dazu, so zu fühlen, zu denken und zu handeln, wie wir immer schon gefühlt, gedacht und gehandelt haben. Die bekannten Wege sind immer die bequemeren Wege. Die Persönlichkeit macht es uns hier nicht leichter, weil sie uns auf die Wege führt, die uns vertraut sind und auf denen wir uns wohlfühlen. Wir können uns die neuen Wege und Verhaltensweisen in Konflikten nur zu eigen machen, indem wir sie immer wieder gehen. Dafür braucht es Zeit, Übung und Geduld. Auch ist es wichtig, uns von Zeit zu Zeit zu verzeihen, falls die Kommunikation nicht so gelingt, wie wir es uns wünschen.

Sich in Verzeihensbereitschaft üben

Wir sind nicht perfekt. Weder ist unser Verhalten noch das von unserem Partner oder unserer Partnerin immer vollkommen – und schon gar nicht in einem Konflikt. Umso wichtiger ist es, sich darin zu üben, Verzeihensbereitschaft zu zeigen. Vielleicht hat sich Ihre Partnerin kalt und abweisend verhalten, als Sie von der Arbeit heimgekommen sind? Oder Ihr Partner hat sich vorwurfsvoll gezeigt, als Sie von einem Wanderwochenende mit Freund:innen nach Hause kamen?

Wir alle kennen Situationen, in denen wir zartbesaitet sind und uns nicht so verhalten, wie es unser ideales Ich tun würde. Wir beschuldigen unseren Partner oder unsere Partnerin für eine Lappalie oder zeigen uns genervt. Wenn wir uns vergegenwärtigen, dass auch wir uns nicht immer bestmöglich verhalten, kann das dabei helfen, zu akzeptieren, dass sich auch unser Partner oder unsere Partnerin nicht immer optimal verhält. Wir können uns in Verzeihensbereitschaft und Großzügigkeit üben.

Denn Forschungsergebnisse zeigen, dass Personen, die ihren Partner:innen häufiger vergaben, über die Zeit hinweg zufriedener mit ihrer Beziehung waren.[139] Allerdings zeigte sich dieser positive Effekt der Verzeihensbereitschaft nur, wenn sich die entsprechenden Partner:innen selten negativ verhielten. Wenn die Partner:innen viel negatives Verhalten an den Tag legten, waren die befragten Personen weniger zufrieden, je häufiger sie vergaben.[140] Diese Ergebnisse sind spannend, weil sie verdeutlichen, dass Verzeihensbereitschaft nicht grundsätzlich gut oder schlecht ist, sondern dass es auf die Verhältnismäßigkeit und den Kontext ankommt. Verhält sich das Gegenüber ab und zu unangemessen oder vorwurfsvoll, tun wir gut daran, ihm oder ihr zu verzeihen, denn: Wir sind alle nicht perfekt. Kommen diese negativen Verhaltensweisen hingegen häufiger vor, sollten wir vorsichtiger sein. In solchen Fällen könnte es wichtiger sein, das Problem an der Wurzel zu packen, als darüber hinwegzusehen und zu verzeihen. Nehmen wir uns dem Problem nicht an, kann verstärkte Verzeihensbereitschaft kontraproduktiv und schädlich sein – für die Beziehung und uns selbst.

Kommunikation ist wichtig

Der Philosoph und Psychoanalytiker Paul Watzlawick stellte fünf Grundregeln, oder Axiome, für die Kommunikation auf, wobei sein erstes Axiom wohl das berühmteste ist. Es lautet: »Man kann nicht nicht kommunizieren.«[141] Damit ist gemeint, dass wir kommunizierende Wesen sind und in jeder einzelnen Situation mit anderen Menschen im Austausch sind – auch ohne Worte. Wie wir in diesem Kapitel gesehen haben, gilt der von Watzlawick so treffend beschriebene Satz für Beziehungen in besonderem Maße. Denn Partner:innen sind in ihren Gefühlen, Gedanken und Verhaltensweisen miteinander verwoben: Das, was die eine Person denkt, hat Einfluss darauf, wie sich die andere Person fühlt, was wiederum Einfluss darauf hat, wie beide Personen handeln. All das Fühlen, Denken und Handeln ist Teil der menschlichen Kommunikation und macht den Beziehungsalltag manchmal so herausfordernd. Um diese Herausforderung anzunehmen, kann es hilfreich sein, uns selbst gut zu kennen und zu wissen, zu welchen Gefühlen, Gedanken und Verhaltensweisen wir verstärkt neigen. Gewissermaßen eine Landkarte unseres eigenen Erlebens erstellen. Indem wir uns selbst besser kennen, sind wir stärker und können aufrichtiger in den Austausch mit einer anderen Person, wie unserem Partner und unserer Partnerin, treten – und konstruktiver miteinander kommunizieren.

06

Ich höre dir zu

Wie wir empathisches Verständnis füreinander entwickeln

Den Sprung aus der Eskalationsfalle schaffen

Wir haben gesehen, dass Konflikte herausfordernd sein können. Gleichzeitig bieten Konflikte uns auch die Chance, uns weiterzuentwickeln. Damit diese Weiterentwicklung glückt, ist entscheidend, dass wir uns selbst kennen und empathisches Verständnis für den Partner oder die Partnerin aufbringen. Was das genau bedeutet, werden wir uns in diesem Kapitel ansehen.

Um sich nicht im Strudel der Negativkommunikation zu verlieren, ist es wichtig, rechtzeitig den Sprung aus der Eskalationsfalle zu schaffen. Manche Paare verwenden hierfür – wie beim Sport – eine gelbe oder rote Karte, auf die sie während des Konflikts zurückgreifen können. Diese Karten können in der Küchenschublade liegen, bei Bedarf hervorgeholt werden und in Konfliktsituationen deeskalierend wirken. Denn sie signalisieren mit unterschiedlichem Schweregrad: »Es reicht, lass uns später in Ruhe darüber sprechen.« Wenn sich die Wogen des Disputs geglättet haben und etwas Ruhe eingekehrt ist, können sich Partner:innen dem zugrunde liegenden Problem mit einem kühlen Kopf annehmen. Eine niederschwelligere, und möglicherweise auch leichter umsetzbare, Möglichkeit wäre, eine Art Codewort (wie »gelb« oder »rot«) zu vereinbaren und in Konfliktsituationen zu verwenden. Auch dies könnte dazu beitragen, den Konflikt zu deeskalieren. Finden Sie die Möglichkeit, die zu Ihnen als Paar passt und Ihnen ermöglicht, Abstand zum Konflikt zu gewinnen. Wenn Sie sich dem Konflikt dann wieder zuwenden, gibt es zwei Wege, die wohltuend sein und dabei helfen können, den Konflikt und die damit einhergehenden Empfindungen besser zu verstehen.

Beim ersten Weg geht es darum, als Paar eine *wohlwollende Außenperspektive* auf den Konflikt einzunehmen, um aus festgefahrenen Denkmustern auszubrechen.[142] Konkret bedeutet das, den Konflikt aus der Perspektive einer neutralen, außenstehenden Person neu zu bewerten. Das Entscheidende ist: Diese außenstehende Person möchte das Beste für alle Beteiligten. Das heißt, wenn Sie einen Beziehungskonflikt erlebt haben und dieser etwas abgeklungen ist, kommen Sie als Paar kurz zusammen (7 Minuten reichen aus). Erzählen Sie sich gegenseitig, wie die außenstehende Person den Konflikt wohl wahrgenommen hätte. Was hätte die Person gesehen? Was hätte sie gedacht? Wie würde sie den Konflikt bewerten? Diese Übung ist kurz, aber bewirkt viel. Denn das bewusste Einnehmen einer wohlwollenden Perspektive ermöglicht, dass wir als Partner:innen ein stärkeres Zusammengehörigkeitsgefühl entwickeln, und es schützt uns davor, dass sich die bereits kennengelernte Negativität einnistet.[143]

Beim zweiten Weg stehen die *Gefühle und Bedürfnisse* im Mittelpunkt. Denn je besser wir unsere eigenen Empfindungen und die Empfindungen des Partners oder der Partnerin kennen und je aufrichtiger wir mit diesen umgehen, desto liebevoller und konstruktiver können künftige Konfliktsituation verlaufen. Wir können antizipieren, was eine bestimmte Situation in unserem Partner oder unserer Partnerin auslösen könnte, und uns entsprechend verhalten. Damit wir unsere Bedürfnisse erkennen, ist entscheidend, dass wir uns mitteilen. Aber wie sprechen wir die Themen, die uns beschaftigen, richtig an?

Wichtig ist, dass beide Partner:innen ausreichend innere und äußere Kapazität zur Verfügung haben, um sich dem Konflikt nochmals zuzuwenden. Wir sollten also nicht zwischen Tür und Angel das ansprechen, was uns beschäftigt, sondern uns selbst und unserem Partner oder unserer Partnerin die Möglichkeit geben, uns der Konfliktsituation nochmals in Ruhe anzunehmen. Wir sollten eine *konkrete Situation* herausgreifen und diese so spezifisch wie möglich schildern. Beschreiben, was diese Situation mit uns gemacht hat und wie wir uns gefühlt haben. Teilen wir uns auf diese Weise mit, kann unser Partner oder unsere Partnerin besser nachempfinden, was in uns vorgegangen ist. Wenn wir bei uns bleiben, wird unser Partner oder unsere Partnerin weniger den Impuls verspüren, zur Verteidigung oder zum Gegenangriff auszuholen, was Ruhe, Milde und empathisches Verständnis in das Gespräch bringen kann.

Beispielsweise könnte Malte zu Louis sagen: »Als du gestern Nachmittag zu spät zu unserem Wohnungsbesichtigungstermin gekommen bist, hat mich das verletzt. Ich habe mich in der Situation alleingelassen gefühlt und hatte das Gefühl, es sei dir nicht wichtig, als Paar einen guten Eindruck zu hinterlassen, um die Wohnung zu bekommen.« Mit solch einer Aussage gibt Malte weit mehr von sich preis, als wenn er Louis vorwurfsvoll begegnet und sagt: »Immer bist du zu spät dran«, oder: »Es ist dir doch eh egal, wie ich mich fühle.« Eine differenzierte Beschreibung der Situation und der Empfindung erlaubt es dem Partner oder der Partnerin, nachzuvollziehen, was im eigenen Inneren vorgeht.

Solch ein Austausch gelingt dann besonders gut, wenn eine vertrauensvolle Atmosphäre besteht und beide Partner:innen das Gefühl haben, am gleichen Strang zu ziehen, und gewillt sind, etwas von sich preiszugeben. Lässt konstant nur eine Person in ihr Inneres blicken, kann ein Ungleichgewicht entstehen. Ermutigen Sie sich daher gegenseitig, sich einander anzuvertrauen. Nicht immer gelingt das auf Anhieb. Manchmal fühlen sich die eigenen Empfindungen und Gedanken verknotet und unklar an. Nehmen Sie dieses Knäuel behutsam in die Hand und beginnen Sie, einen einzigen Faden herauszugreifen. Wohin führt dieser Faden? Wie haben Sie sich in der Situation konkret gefühlt? Nehmen Sie Ihren Partner oder Ihre Partnerin mit auf diese Entdeckungsreise und teilen Sie Ihre Empfindungen.

Das Bedürfnis dahinter verstehen

Wir sind in unserem Beziehungsalltag unaufhörlich am Fühlen, Denken und Handeln. Der Beziehungsalltag ist damit hochkomplex, herausfordernd und manchmal konfliktträchtig. Wie wir bereits gesehen haben, ist es nicht problematisch, *dass* es Konflikte gibt oder *dass* wir unterschiedliche Bedürfnisse haben. Entscheidend ist, *wie* wir mit diesen Unterschieden umgehen. Und genau an diesem »wie« können wir weiter ansetzen.

Ein zentrales Schlüsselelement, um Konflikte konstruktiv zu meistern, ist daher empathisches Verständnis. Das bedeutet, dass wir bei den Empfindungen der anderen Person bleiben, uns in ihre Lage hineinversetzen und versuchen, nachzuempfinden. Das bedeutet nicht, dass wir die Meinung der anderen Person teilen oder den gleichen Standpunkt vertreten, aber wir können die Gefühle und Bedürfnisse nachempfinden, die eine Situation oder eine Aussage ausgelöst hat. Wir können mitfühlen, weil wir selbst Gefühle haben. Vielleicht war der Auslöser bei uns ein anderer, aber das Gefühl war vermutlich sehr ähnlich, sodass wir empathisches Verständnis für das *Empfinden* der anderen Person aufbringen können.

Damit das gelingt, möchte ich Ihnen ein Prinzip vorstellen, das an die Arbeiten des Zürcher Beziehungsforschers Guy Bodenmann angelehnt ist.[144] Bei dieser Methode nimmt eine Situation, wie beispielsweise eine Konfliktsituation, die Form einer Vase an, wie in Abbildung 1 dargestellt. Am oberen Ende der Vase steht die *Sachlage*, bei der es darum geht, eine Situation und ein Verhalten zu beschreiben. Hier könnte es beispielsweise darum gehen, dass Louis zu Malte sagt, ihre gemeinsame Wohnung sei unordentlich. In einer klassisch destruktiven Konfliktsituation würde sich Malte angegriffen fühlen, sich zu verteidigen versuchen und sagen, Louis sei viel zu kleinlich und die Wohnung doch ordentlich. Eventuell würde der ein oder andere apokalyptische Reiter während des Konflikts hervorspringen und sich einmischen, indem Louis zu mauern beginnt oder Malte mit den Augen rollt. Malte und Louis würden wahrscheinlich eine ganze Weile lang diskutieren. Sie würden sich einen Pingpongball aus gegenseitigen Vorwürfen und Verteidigungen hin- und herwerfen, aber der eigentliche Konflikt würde ungelöst bleiben.

Um dieses Pingpongspiel zu vermeiden und um den eigentlichen Grund des Konflikts zu verstehen, ist es daher wichtig, hinter die Sachebene zu treten und zu erkennen, wie sich beide Personen *fühlen*. Die Ebene der Gefühle ist größer als die Ebene des Verhaltens, denn das Verhalten ist oft nur ein Stellvertreter dessen, was die Person fühlt. Louis könnte sich zum Beispiel gekränkt fühlen, weil er den Eindruck hat, seine Arbeit in der Wohnung werde nicht wertgeschätzt. Diese Gefühle kommen im Verhalten nicht zum Ausdruck, oder besser gesagt: Sie kommen *nicht direkt* zum Ausdruck, weil sie sich ihren Weg indirekt in Form von Kritik und Anschuldigung bahnen. Louis hätte Scheu, seine wahren Gefühle zu zeigen, und würde stattdessen zu Kritik und Vorwürfen neigen. Und Malte würde sich mit Anfeindungen und Verteidigungen zu wehren versuchen.

Würde sich Louis hingegen mitteilen und Malte daran teilhaben lassen, wie er sich fühlt, könnte eine wirkliche Begegnung zwischen ihnen stattfinden. Louis könnte sagen: »Ich bemühe mich sehr, dass unsere Wohnung schön ist, und es verletzt mich, dass du mein Bemühen nicht zu sehen scheinst.« Wenn Malte nachempfinden kann, wie sich Louis fühlt (nämlich verletzt und nicht gesehen), wird es von Louis weniger Kritik und Vorwürfe geben, weil er sich verstanden fühlt. Und Malte müsste sich nicht mit Anfeindungen und Verteidigungen zu wehren versuchen, womit die negative

Kaskade unterbrochen wäre. Der Schritt von der Verhaltens- zur Gefühlsebene ist somit ein Schlüsselmoment in Konflikten. »Sagen, was wirklich ist«, wäre hier der Leitsatz. Dann beginnen Partner:innen, sich die Hand zu reichen und miteinander – anstatt gegeneinander – zu agieren.

Wie wir bereits im vorherigen Kapitel gesehen haben, haben Gefühle eine Funktion, denn sie weisen uns auf ein *Bedürfnis* hin, was die unterste Ebene der Vase darstellt. Das Gefühl von Louis, sich nicht gesehen zu fühlen, könnte auf sein Bedürfnis hinweisen, sich Wertschätzung und Anerkennung zu wünschen. Die zentrale Frage, die Malte stellen könnte, würde somit lauten: »Was brauchst du von mir, damit du dich gesehen fühlst?«

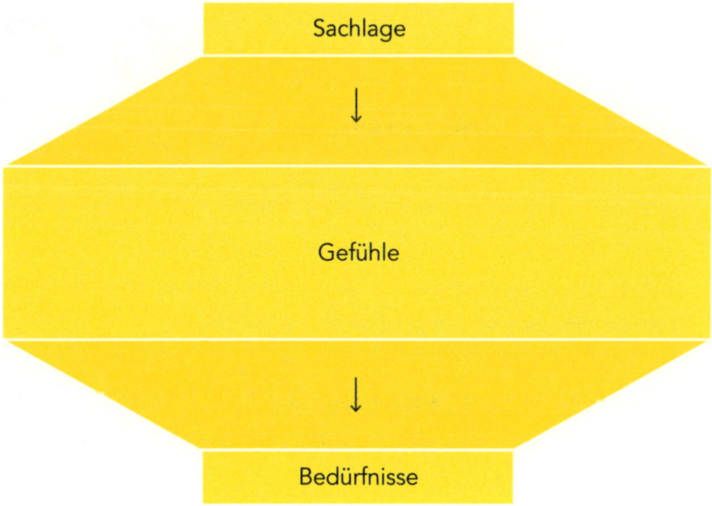

Abbildung 1. Zu den Bedürfnissen vordringen

Die verschiedenen Ebenen mögen auf den ersten Blick gezwungen und künstlich wirken, aber diese Übersetzungsarbeit hilft, das, was in uns vorgeht, der anderen Person mitzuteilen. Nicht durch Substitute im Verhalten – wie Kritik und Anschuldigungen –, sondern durch eine Begegnung auf der Gefühlsebene und durch ein Mitteilen auf der Bedürfnisebene. Je weiter Paare von der Sachebene über die Gefühlsebene zur Bedürfnisebene gelangen, desto wertvoller werden Konflikte – für die Entwicklung als Paar und für die Entwicklung als Individuum. Denn in kaum einer anderen Situation treten unsere Gefühle und Bedürfnisse so deutlich zutage und fordern uns so heraus, gehört zu werden, wie in Beziehungen und potenziellen Konfliktsituationen. Wenn wir neue Verhaltensmuster entwickeln wollen, tun wir also gut daran, unsere Gefühle und Bedürfnisse besser kennenzulernen und sie mitzuteilen. Lassen Sie uns gleich damit beginnen!

Übung 1. Entdecken Sie Ihre Gefühle und Bedürfnisse

Nehmen Sie sich als Paar ein Zeitfenster von 40 Minuten, in dem Sie sich ungestört dieser Übung widmen können. Eine Person ist 20 Minuten lang Sprecher:in, die andere Person ist Zuhörer:in. Nach 20 Minuten wechseln Sie Ihre Rollen.

Nehmen wir für das Beispiel zuerst eine Sprecherin und einen Zuhörer. Die Sprecherin beginnt und erzählt von einem kürzlich erlebten Konflikt.

Als kleiner Tipp: Wählen Sie für den Anfang ein leichtes Thema und keinen Konflikt, mit dem Sie als Paar seit Jahren zu kämpfen haben. Beginnen Sie beispielsweise mit einem Thema, das Sie beim Arbeiten oder mit einem Freund beschäftigt hat. Wenn Sie die Übung verinnerlicht und einige Male wiederholt haben, können Sie zu Konfliktthemen übergehen, die für Sie emotional beladener und dadurch herausfordernder sind.

Erzählen: Haben Sie als Sprecherin ein Thema gefunden, das Ihnen passend erscheint, erzählen Sie davon: Was ist passiert? Wann ist es passiert? Was haben Sie gemacht? Versuchen Sie, so konkret wie möglich zu bleiben. Das gelingt besonders dann, wenn Sie eine Situation herausgreifen und versuchen, nur bei dieser einen Situation zu bleiben. Wenn Sie merken, dass Sie abschweifen, versuchen Sie sich immer wieder in diese Situation zurückzuholen. Damit kommen Sie auch dem apokalyptischen Reiter zuvor, der gerne um die Ecke springen und Sie dazu verleiten würde, zu verallgemeinern.

Zuhören: Während die Sprecherin erzählt, hören Sie als Zuhörer aufmerksam zu. Aufmerksames Zuhören bedeutet, Blickkontakt zu halten sowie ab und an zu nicken oder »Mhm« zu sagen, um Verständnis und Verbundenheit auszudrücken. Sie als Zuhörer können Verständnisfragen stellen, aber das Ausmaß an Fragen sollte so gering wie möglich gehalten werden, denn Fragen können schnell dazu verleiten, dem Pinpongspiel aus Angriff und Verteidigung zu verfallen.

Tiefer tauchen: Wenn Sie als Sprecherin das Gefühl haben, dass Sie die Situation gut beschreiben konnten, geht es eine Ebene tiefer, auf die Gefühlsebene. Erzählen Sie, wie Sie sich gefühlt haben. Was hat die Situation mit Ihnen gemacht? Was hat die Situation bei Ihnen ausgelöst? Wie haben Sie sich in dem Moment gefühlt? Hier können Sie als Zuhörer Fragen stellen, die dabei helfen, die Emotionen besser zu verstehen, etwa: »Habe ich es richtig verstanden, es kränkt dich, dass …« Bleiben Sie als Sprecherin so lange bei den Gefühlen, bis Sie den Eindruck haben, dass Sie alle Gefühle beschreiben konnten. Gibt es vielleicht noch eine Empfindung, die ganz versteckt hinten in der Ecke darauf wartet, angesprochen und ausgesprochen zu werden?

Den Grund erreichen: Wenn Sie als Sprecherin den Eindruck haben, dass Sie alle Gefühle benennen konnten, gehen Sie zur Ebene der Bedürfnisse. Was bräuchten Sie in dieser Situation? Was würde Ihnen guttun? Hier könnten Sie als Zuhörer direkt fragen: »Was wünschst du dir von mir?«, oder: »Was brauchst du von mir?« Versuchen Sie als Sprecherin ganz genau nachzuspüren, was Sie brauchen, damit es Ihnen gutgeht. Manchmal ist es gar nicht viel und manchmal reicht schon etwas wie »Ich würde mir wünschen, dass du dich bei mir bedankst, wenn ich … « oder »Es würde mir guttun, wenn du mich in so einem Moment umarmst«.

Auch wenn die Übung durch die verschiedenen Stufen im ersten Moment etwas technisch wirken kann, kann sie wohltuend sein und viel bewirken. Machen Sie selbst die Erfahrung! Versuchen Sie, die einzelnen Stufen der Sach-, Gefühls- und Bedürfnisebene getrennt voneinander zu durchlaufen. Und seien Sie geduldig, wenn es nicht auf Anhieb funktioniert. Nur Übung macht Meister:innen!

Auf das Verhältnis kommt es an

Nicht immer haben wir die Geduld und die innere Kraft, sorgsam und konstruktiv miteinander zu kommunizieren. Nicht immer können wir unsere Worte sorgfältig überlegen und unsere Gefühle und

Bedürfnisse ergründen. Daher kann es selbst in den glücklichsten Beziehungen vorkommen, dass Paare dem Pingpongspiel aus Angriff und Verteidigung anheimfallen und die eine Person unwirsch mit Augenrollen auf das Gesagte der anderen Person reagiert. Dies ist nicht dramatisch, solange negative Verhaltensweisen auf einen positiven Boden fallen.

Ein positiver Boden bedeutet, dass ausreichend positive Verhaltensweisen in der Beziehung vorhanden sein sollten, damit das negative Verhalten nicht zu sehr ins Gewicht fällt. John Gottman prägte hier die Formel von 5 zu 1: Es braucht fünf positive Verhaltensweisen, um eine negative Verhaltensweise aufzufangen. Viele Paare können dieses Verhältnis halten, weil Verhaltensweisen wie Zuneigung, Unterstützung und Humor (positive, konstruktive Verhaltensweisen) ihren Alltag prägen und damit Verhaltensweisen wie Kritik und Augenrollen (negative, destruktive Verhaltensweisen) weniger ins Gewicht fallen. Das persönliche Beziehungskonto kann die negativen Verhaltensweisen ausgleichen.

Wenn Sie sich und Ihrer Beziehung etwas Gutes tun wollen und langfristige Stabilität anstreben, achten Sie daher nicht nur darauf, das Negative zu reduzieren, sondern achten Sie auch darauf, sich genügend Möglichkeiten für ein positives Miteinander zu schaffen. Investieren Sie in Ihr Beziehungskonto. Wie viel und in welcher Währung eingezahlt wird, damit das Konto schwarze Zahlen schreibt, ist von Person zu Person und von Paar zu Paar unterschiedlich, aber entscheidend ist, *dass* etwas in die Beziehung investiert wird. Kleine, liebevolle Gesten wie ein handgeschriebener Gruß am Morgen, ein frühlingshafter Blumenstrauß, der vor einem anstrengenden Tag auf dem Schreibtisch steht, oder eine stärkende Umarmung sind Möglichkeiten, solch ein positives Miteinander zu kultivieren. Diese Verhaltensweisen helfen auch dabei, die Beziehung lebendig zu halten, und bewahren davor, in den Trott der Beziehungsroutine zu fallen. Welche positiven Verhaltensweisen sind wichtig für Ihr persönliches Beziehungskonto?

Übung 2. Zeit für Gutes

Denken Sie an den Alltag in Ihrer Beziehung.

- Durch welche kleinen Gesten können Sie Ihrem Partner oder Ihrer Partnerin eine Freude bereiten?
- Was bringt Ihren Partner oder Ihre Partnerin zum Schmunzeln?
- Womit können Sie Ihren Partner oder Ihre Partnerin überraschen?

Überlegen auch Sie sich Ihrerseits, womit man Ihnen im Alltag eine Freude bereiten kann.

- Was entlockt Ihnen ein Lächeln?
- Worüber freuen Sie sich?
- Was ermutigt Sie?

Teilen Sie es mit Ihrem Partner oder Ihrer Partnerin!

Der Beziehungsalltag ist eine willkommene Einladung, um an uns und unserer Persönlichkeit zu arbeiten. Es ist die Einladung, nicht das erstbeste Muster abzurufen, das wir von unserer Persönlichkeit her kennen, sondern einen Moment innezuhalten und erst dann zu reagieren. Dieser achtsame Moment des Innehaltens kann Fragen beinhalten wie »Welche Gefühle löst diese Situation in mir aus?« oder »Wie würde ich mich verhalten, wenn es ganz nach meinen Bedürfnissen ginge?«. Dieses Innehalten ermöglicht uns, unsere Gefühle und Bedürfnisse ernst zu nehmen und uns authentisch zu verhalten.

Veränderung gelingt nicht auf Anhieb. Denn Persönlichkeitsentwicklung ist ein Weg, der Zeit braucht. Ich lade Sie ein, sich immer wieder auf diesen Weg zu begeben und Ihrer Persönlichkeit neuen Spielraum zu gewähren. Spielraum, der es Ihnen ermöglicht, sich aus festgefahrenen Mustern zu befreien und sich so zu verhalten, wie es Ihren Gefühlen und Bedürfnissen entspricht. Diese Veränderung gelingt an manchen Tagen leichter und an manchen Tagen schwerer.

Schwer fällt es insbesondere dann, wenn wir viel Stress erleben, etwa einen Konflikt mit einem Kollegen, schlecht geschlafen haben oder kurz vor einer wichtigen Abgabe stehen. Stress reduziert unsere Fähigkeiten, über unseren eigenen Schatten zu springen und uns auf eine andere Sichtweise einzulassen.[145] Wir reagieren weniger konstruktiv, weil Stress uns jene Ressourcen nimmt, die wir bräuchten, um negative Verhaltensweisen liebevoll in Schach zu halten. Zudem nehmen wir eine Situation anders wahr, wenn wir gestresst sind. Wir sehen mehr konfliktträchtige und problematische Momente und meinen, unseren Partner oder unsere Partnerin als Ursache dieser Probleme identifiziert zu haben.[146] Umso wichtiger ist es, sich Schritt für Schritt von destruktiven Mustern zu lösen, sodass sie nicht in stressreichen Situationen zu Selbstläufern werden.

Die Kunst der Unterstützung

Neben einem konstruktiven Miteinander ist gegenseitige Unterstützung eine der wichtigsten Ressourcen einer Beziehung. Denn Unterstützung kann eine Reihe von negativen Stressquellen (wie etwa Geldsorgen, Krankheit oder Probleme bei der Arbeit) abmildern.[147] Dabei kommt es in vielen Situationen nicht auf die großen Worte und großen Taten an; es sind oft die kleinen Gesten, die im Beziehungsalltag zählen. Beispielsweise dann, wenn Malte nach einem anstrengenden Arbeitstag nach Hause kommt und von einer missglückten Präsentation berichtet. In solch einer Situation kann eine innige Umarmung von Louis Gold wert sein, weil sie vermittelt: »Ich bin für dich da.« Die Umarmung gibt Malte das Gefühl, nicht allein zu sein. Louis könnte Malte aber auch an der Hand nehmen und ins Restaurant um die Ecke einladen, um ihn von den negativen Gedanken und Gefühlen abzulenken. Schließlich könnte sich Louis aber auch mit Malte an den Tisch setzen und die Präsentation nochmals genau durchgehen, um gemeinsam zu verstehen, warum die Präsentation nicht geglückt ist. Wir sehen: Die Formen der Unterstützung sind vielfältig. Wie geben Sie Unterstützung?

Übung 3. Wie gebe ich Unterstützung?

Denken Sie an eine der letzten Situationen, in denen Sie Ihren Partner oder Ihre Partnerin unterstützt haben. Versuchen Sie, folgende Fragen zu beantworten.

- Wie sah die Situation konkret aus?
- Woran haben Sie gemerkt, dass Ihr Partner oder Ihre Partnerin Unterstützung benötigt?
- Wie haben Sie sich verhalten?
- Haben Sie eher mit Taten oder Worten unterstützt?
- Was hat das bei Ihrem Partner oder Ihrer Partnerin ausgelöst?

Welchen Eindruck haben Sie von Ihrem eigenen Unterstützungsverhalten gewonnen? Liegt es Ihnen eher, Ihren Partner oder Ihre

Partnerin mit tröstenden Worten und einem Gespräch zu unterstützen? Oder sind Sie eher dazu geneigt, mitanzupacken, um das Problem gemeinsam zu lösen? Oder liegt es Ihnen, Ihren Partner oder Ihre Partnerin still in den Arm zu nehmen, um so ein Gefühl von Gemeinschaft und Solidarität zu vermitteln? Und welche Form von Unterstützung benötigen Sie selbst?

Übung 4. Welche Unterstützung brauche ich?

Denken Sie nun an eine der letzten Situationen, in denen Ihr Partner oder Ihre Partnerin Sie unterstützt hat, und versuchen Sie, folgende Fragen zu beantworten.

- Wie sah die Situation konkret aus?
- Woran könnte Ihr Partner oder Ihre Partnerin gemerkt haben, dass Sie Unterstützung benötigten?
- Welche Form von Unterstützung hat Ihr Partner oder Ihre Partnerin gezeigt?
- War diese Form der Unterstützung für Sie ausreichend?
- Was hätten Sie sich zusätzlich an Unterstützung gewünscht oder was hätten Sie gebraucht?
- Haben Sie diese Wünsche und Bedürfnisse Ihrem Partner oder Ihrer Partnerin mitgeteilt?

Wie Sie möglicherweise an diesen beiden Übungen gemerkt haben, kann sich Unterstützung unterschiedlich ausdrücken. Wir unterscheiden uns darin, welche Form von Unterstützung wir geben, und wir unterscheiden uns darin, welche Form von Unterstützung wir selbst benötigen. Meist hängen beide Formen miteinander zusammen, weil wir einer anderen Person das zuteilwerden lassen wollen, von dem wir wissen, dass es uns selbst guttäte. Ob eine lange Umarmung, eine wohlmeinende Ablenkung oder ein gemeinsames Explorieren der Situation. All diese Formen der Unterstützung drücken aus, dass Partner:innen füreinander da sind.

Formen der Unterstützung

Es gibt verschiedene Formen der Unterstützung, die in den nachfolgenden Kästen dargestellt sind.[148] Die erste umfasst eine *handlungsorientierte, anpackende Form* der Unterstützung, wie eine tatsächlich geleistete Unterstützung (z. B. gemeinsam ein Bücherregal aufbauen) oder das Austauschen von Ideen (z. B. gemeinsam überlegen, wie ein wichtiger Vortrag aufgebaut werden könnte).

Handlungsorientierte Unterstützung

Tatsächlich geleistete Unterstützung

- Das Problem gemeinsam angehen, um Stress zu reduzieren.
- Eine Aufgabe übernehmen, die zur Lösung des Problems beiträgt.
- Die Bereitschaft signalisieren, zu helfen.

Informationen und Ideen austauschen

- Ideen teilen und Empfehlungen geben.
- Fragen stellen, dem Problem auf den Grund gehen und neue Lösungswege einbringen.
- Genaue Informationen, Fakten oder Neuigkeiten hinsichtlich des Problems mitteilen.

- Neue Perspektiven einbringen, einen anderen Blickwinkel auf das Problem einnehmen, alternative Handlungsmöglichkeiten anbieten.

Die zweite umfasst eine *emotionsorientierte, nährende Form* der Unterstützung, wie emotionale Unterstützung (z. B. die Partnerin in den Arm nehmen, wenn etwas nicht geglückt ist) oder Ermutigung (z. B. den Partner wissen lassen, dass ich an ihn glaube).

Emotionsorientierte Unterstützung

Emotionale Unterstützung

- Liebe zeigen und Zuneigung ausdrücken.
- Rückversicherung gewährleisten und Sicherheit bieten.
- Besorgnis und Bedauern dafür ausdrücken, dass der Partner oder die Partnerin gestresst ist.
- Verständnis und Empathie für die Situation aufbringen.

Ermutigung

- Die Fähigkeiten des Partners oder der Partnerin hervorheben und diese bekräftigen.
- Den Partner oder die Partnerin ermutigen sowie die Fortschritte hinsichtlich der Problemlösung positiv hervorheben.
- Die Perspektive des Partners oder der Partnerin teilen.
- Externe Gründe für das Problem sowie Hemmschwellen und Schwierigkeiten bei der Problemlösung hervorheben, um so die Versagensgefühle oder Selbstbeschuldigung des Partners oder der Partnerin zu minimieren.

Nicht jede Unterstützung ist automatisch gut, sodass es auch *ungünstige Formen der Unterstützung* gibt. Aus eigener Erfahrung wissen wir, dass sich selbst der bestgemeinte Ratschlag oder aufmunternde Worte nicht immer gut anfühlen, sondern manchmal genau das Gegenteil bewirken: Wir fühlen uns bevormundet oder diffamiert anstatt unterstützt und geliebt.

Ungünstige Formen der Unterstützung

- Den Partner oder die Partnerin kritisieren oder beschuldigen.
- Negative Gefühle zum Ausdruck bringen, wie Wut, Frustrationen oder Irritationen.
- Die Perspektive des Partners oder der Partnerin abwerten oder ablehnen.
- Darauf bestehen, dass der Partner oder die Partnerin die vorgeschlagenen Lösungsvorschläge annimmt.
- Das Problem dramatisieren oder das Problem kleinreden.
- Sich dem Problem gegenüber desinteressiert und unaufmerksam zeigen.

Weil die Formen der Unterstützung so unterschiedlich sein können, ist es wichtig, dass Partner:innen voneinander wissen, was sie in Situationen von Traurigkeit oder Überforderung brauchen. Sind es aufmunternde Worte, Ablenkung oder ein stilles Miteinandersein? Teilen Sie es!

Wir sind verschieden

Welche Form der Unterstützung Personen bevorzugen, hängt unter anderem von der Persönlichkeit, etwa dem Bindungsstil, ab.[149] Personen mit einem sicheren Bindungsstil haben in ihrer Vergangenheit die Erfahrung gemacht, dass sie sich auf andere Personen verlassen können und dass andere sensibel auf ihre Bedürfnisse eingehen. Sie fühlen sich gestärkt durch eine emotionsorientierte Unterstützung – etwa wenn sie in den Arm genommen werden, ihnen zugehört wird und die andere Person für sie da ist.

Bei Personen, die vermeidend gebunden sind, sieht die Situation etwas anders aus. Sie haben in ihrer Vergangenheit die Erfahrung gemacht, dass sie eher abgewiesen wurden und dass andere Personen nicht sorgsam und unmittelbar auf ihre Bedürfnisse eingegangen sind. Ihnen tut daher eher eine handlungsorientierte Unterstützung gut; eine Unterstützung, die sie direkt greifen können – etwa wenn sie gemeinsam mit dem Partner oder der Partnerin ein Problem angehen, zum Beispiel ein wichtiges Gespräch üben. Diese handlungsorientierte Unterstützung kann wohltuend sein, weil sie direkt sicht- und spürbar ist.

Oft wissen wir aber nicht, welche Unterstützung unser Partner oder unsere Partnerin benötigt, was zu Unverständnis und Enttäuschung führen kann. Wenn Malte beispielsweise Angst vor einem wichtigen Gespräch hat und von Louis in den Arm genommen werden möchte, Louis aber vor Aktivitätsdrang sprüht und das Gespräch mit Malte üben möchte, dann kommt es zu Enttäuschung und Missverständnisen. Malte will gesehen und sich verstanden fühlen, und Louis gibt das, wodurch er sich gesehen und verstanden fühlen würde, zielt aber an Maltes eigentlichem Bedürfnis vorbei. Daher tun wir gut daran, immer wieder Übersetzungsarbeit zu leisten, unsere Bedürfnisse und Unterstützungswünsche mitzuteilen und die des Partners oder der Partnerin zu kennen.

Gegenseitige Unterstützung tut gut

Unterstützung und Beziehungszufriedenheit hängen eng miteinander zusammen: Personen, die zufriedener sind, zeigen eine positivere Unterstützung, und eine positivere Unterstützung trägt – vor allem bei Frauen – zu mehr Zufriedenheit bei.[150] Dabei ist nicht nur die gebende Person relevant, sondern auch die zu unterstützende Person. Denn möchte mich mein Partner unterstützen und lasse ich alles an mir abprallen, kann seine Unterstützung nicht fruchten. Oder wenn ich gerade eine stärkende Umarmung bräuchte, aber meine Partnerin das nicht weiß, kann sie mich nicht richtig unterstützen.

Wir dürfen als zu unterstützende Person daher die Unterstützung auch aktiv einfordern – in einer konstruktiven und konkreten Weise im Sinne von: »Ich bräuchte deinen Rat wegen des Vortrags, der nächste Woche ansteht«, oder: »Ich fühle mich gerade niedergeschlagen. Kannst du mich mal in den Arm nehmen?« Im ersten Moment fühlen wir uns vielleicht schwach, wenn wir um Unterstützung bitten. Aber wir bringen damit zum Ausdruck, dass wir mit unseren eigenen Gefühlen und Bedürfnissen verbunden sind, diese mit dem Partner oder der Partnerin teilen und sie Teil der Beziehung sein dürfen. Genauso, wie die Gefühle und Bedürfnisse des Partners oder der Partnerin Teil der Beziehung sind.

Bemühen Sie sich jedoch, Ihr Bedürfnis bewusst auf eine wohlwollende Art und Weise mitzuteilen. Denn schwingt ein Vorwurf oder eine latente Beschuldigung im Artikulieren des Bedürfnisses mit (»Du könntest mir ruhig mal wieder helfen.«), dann führt die Aussage eher zu zusätzlicher Anspannung und Stress in der Beziehung.[151] Schämen Sie sich nicht, wenn Sie Unterstützung benötigen, und kommunizieren Sie das Bedürfnis – liebenswürdig, aber selbstbewusst!

Mehr ist nicht immer besser

Man könnte nun meinen, dass Unterstützung immer gut ist. Je mehr ich unterstützt werde, desto besser geht es mir. Interessanterweise geht diese Gleichung nicht immer auf. Denn Studienergebnisse legen nahe, dass es Personen nicht zwangsläufig besser, sondern manchmal auch schlechter geht, wenn sie mehr Unterstützung von ihrem Partner oder ihrer Partnerin erhalten, als sie erwartet hätten.[152] Ein möglicher Grund dafür ist, dass zu viel Unterstützung das Gefühl vermitteln könnte, dass wir es allein nicht schaffen. Diese Wahrnehmung wiederum kratzt am Selbstwertgefühl. Auch könnten wir durch zu viel Unterstützung das Gefühl bekommen, abhängig von unserem Partner oder unserer Partnerin zu sein oder in der Schuld unseres Partners oder unserer Partnerin zu stehen, was ein Gefühl von Ungleichgewicht erzeugt.[153]

Interessanterweise zeigte sich dieser Effekt auch im Alltag von Paaren, wie Studienergebnisse nahelegen: Personen waren an jenen Tagen, an denen sie von ihrem Partner oder ihrer Partnerin Unterstützung erhielten – ohne ihrerseits Unterstützung zurückgegeben zu haben – unzufriedener, ängstlicher und wütender als an anderen Tagen.[154] Die Crux dahinter ist: Wenn wir unseren Partner oder unsere Partnerin unsererseits unterstützen können, fühlen wir uns nützlich und bedeutsam. Wenn die Unterstützung nur einseitig ausfällt, kann schnell der Eindruck entstehen, bedürftig zu sein.

Folglich kommt es auf das Gleichgewicht aus Unterstützen und Unterstütztwerden an. Damit das glückt, sollten wir die Bedürfnisse voneinander kennen. Sich als Paar immer wieder einen Moment Zeit nehmen und sich gegenseitig fragen: Was brauchst du von mir? Damit solch eine Begegnung glückt, müssen wir zuhören können.

Ich höre dir zu

Manchmal hören wir gar nicht richtig zu. Sei es, weil wir dem anderen oder der anderen mit wohlmeinenden, aber automatisierten Ratschlägen weiterhelfen wollen. Oder sei es, weil wir uns in einer Verteidigungshaltung fühlen und primär Gegenargumente ins Feld führen wollen, etwa dann, wenn wir uns in einem Streit angegriffen fühlen. Oder weil wir gerade keine Zeit fürs Zuhören haben und schon der nächste Termin auf uns wartet. Dabei ist Zuhören so wichtig. Denn nur durch Zuhören können wir die Gefühle und Bedürfnisse der anderen Person kennenlernen.

Zuhören gelingt am Anfang einer Beziehung oft wie von selbst – schließlich wollen wir die andere Person kennenlernen und kleben an ihren Lippen. Zuhören nutzt sich im Laufe einer Beziehung aber ab. Möglicherweise weil wir das Gefühl haben, dass wir ohnehin schon wüssten, was uns unser Partner oder unsere Partnerin erzählen wird, oder weil wir Zuhören für nicht mehr so wichtig halten. Umso entscheidender ist es, das empathische Zuhören wieder neu zu erlernen. Kleben Sie wieder an den Lippen Ihres Partners oder Ihrer Partnerin! Wie das gelingt? Lassen Sie uns hierfür folgende Übung ausprobieren.[155]

Übung 5. Ich höre dir zu

Ich

Nehmen Sie sich als Paar einmal in der Woche eine halbe Stunde Zeit. In den ersten zehn Minuten erzählen Sie – Ihr Partner oder Ihre Partnerin darf in dieser Zeit kurze Nachfragen stellen, aber primär geht es um Sie. Mögliche Ausgangspunkte für das, was Sie erzählen möchten, könnten sein: Was hat Sie heute bewegt? Worüber haben Sie sich gefreut? Was hat Sie verärgert? Versuchen Sie, eine möglichst konkrete Situation zu finden, die Sie beschäftigt hat, und bleiben Sie bei dieser Situation.

Du

Daraufhin hat Ihr Partner oder Ihre Partnerin fünf Minuten Zeit, in eigenen Worten zusammenzufassen, was er oder sie gehört hat. Die Zusammenfassung sollte möglichst bewertungsneutral sein. Versuchen Sie als Partner:in, objektiv zu beschreiben, was Sie gehört haben, zum Beispiel: »Ich habe gehört, dass dich das Gespräch mit deiner Chefin aufgewühlt hat.« Sie als Erzähler:in haben daraufhin die Möglichkeit, kurz zu sagen, ob das, was Ihr Partner oder Ihre Partnerin zusammengefasst hat, zutreffend ist. Versuchen Sie als Erzähler:in, wahrzunehmen, wie das, was Ihr Partner oder Ihre Partnerin zusammenfasst, in Ihnen nachwirkt.

Rollenwechsel

Danach wechseln Sie bitte die Rollen! Ihr Partner oder Ihre Partnerin erzählt zehn Minuten und danach haben Sie fünf Minuten Zeit, das Gehörte zusammenzufassen.

Ein kleiner Tipp

Fangen Sie für den Anfang wieder mit einem leichten Thema an: Erzählen Sie von Ihrem Tag im Büro oder einem Erlebnis, das Sie heute gefreut hat. Steigern Sie erst allmählich den Schwierigkeitsgrad, indem Sie Themen anschneiden, die bei Ihrem Partner oder Ihrer Partnerin das Bedürfnis hervorrufen könnten, die eigene Perspektive darzustellen. Dieser sanftere Einstieg hilft Ihnen, den Ablauf kennenzulernen und mit der Rollenverteilung vertraut zu werden.

Woran haben Sie bei der Übung gemerkt, dass Ihr Partner oder Ihre Partnerin Ihnen zugehört hat? Gab es Momente, in denen Sie ihn oder sie als besonders präsent erlebt haben? Gab es auch Momente, in denen Sie Ihren Partner oder Ihre Partnerin als abwesend oder desinteressiert wahrgenommen haben?

Oft – aber nicht immer – nehmen wir Personen als in besonderem Maße anwesend und zuhörend wahr, wenn sie aktiv zuhören. Zudem zeigen sich positive Effekte aufseiten der Person, die aktives Zuhören anwendet, denn durch aktives Zuhören wird das Gegenüber als attraktivere:r Interaktionspartner:in wahrgenommen.[156] Das aktive Zuhören drückt sich darin aus, dass Blickkontakt gehalten wird, ab und an genickt oder »Mhm« geäußert wird, um zu signalisieren, dass das Gehörte verstanden wird. Auch die ein oder andere Nachfrage kann ausdrücken, dass wirklich zugehört wird. Das empathische Zuhören und das empathische Verständnis tragen zu Intimität bei und ermöglichen, dass sich Partner:innen verstandener und verbundener fühlen, wie der Psychologe Harry Reis und Kolleg:innen betonen.[157]

Im Alltag kommen diese Momente des empathischen Zuhörens manchmal zu kurz, denn zwischen Frühstücksbrote schmieren und den Tag koordinieren bleibt oft wenig Zeit für ein Gespräch, für eine echte Begegnung. Dabei sind es oft nur wenige Minuten, die wir bräuchten, um kurz miteinander innezuhalten. Dieses Innehalten ermöglicht ein Beieinander-Ankommen und es ermöglicht, dass aus einem Ich und Du ein Wir wird. Immer wieder, in den kleinen Momenten des Alltags. Empathisches Zuhören und empathisches Verständnis gelingen nicht immer, aber wir tun gut daran, uns immer öfter darin zu üben. Zum Wohle der Beziehung. Und zum Wohle von uns selbst in der Beziehung.

07

Wenn Beziehungen enden

Wie Trennungen
den Blick auf Beziehungen
verändern

Trennungen

Manchmal merken Paare, dass sie trotz aller Bemühungen um konstruktive Kommunikation und wohlwollende Unterstützung gemeinsam nicht weiterkommen. Sie entscheiden sich für eine Trennung – oder auch nur eine der beiden Personen entscheidet sich für eine Trennung und die andere Person muss zwangsläufig mitziehen. Die meisten Menschen, ob in einer Beziehung oder als Single, haben Trennungserfahrungen hinter sich, und Trennungen sind damit ein normativer Aspekt unserer Beziehungsbiografien.

Sich mit den eigenen Sichtweisen und Erfahrungen hinsichtlich Trennungen vertraut zu machen, kann dabei helfen, dass eine Trennung nicht wie ein Schreckgespenst hinten in der Ecke lauert und seine Schatten auf die Beziehung wirft. Ich möchte Sie daher zu Beginn dieses Kapitels einladen, Ihren eigenen Blick auf das Thema Trennungen besser kennenzulernen.

Übung 1. Mein Blick auf Trennungen

Nehmen Sie sich einen Moment Zeit und denken Sie anhand folgender Fragen über Ihren Blick auf das Thema Trennungen nach.

- Haben Trennungen etwas Schamvolles für Sie? Wieso oder wieso nicht?
- Wenn Sie bereits mehrere Trennungen erlebt haben: Sehen Sie Aspekte, die bei allen Trennungen ähnlich waren?
- Denken Sie, man sollte den Problemen in einer Beziehung konsequent gegenübertreten und alles ansprechen? Oder sollte man manchmal auch einfach abwarten?

- Haben Sie den Eindruck, dass Sie schon einmal zu lange bis zu einer Trennung gewartet haben?
- Haben Sie umgekehrt den Eindruck, dass Sie eine Trennung schon einmal zu überhastet vollzogen haben? Wie sind Sie im Nachhinein damit umgegangen?

Trennungen sind individuell

Perspektiven auf Trennungen sind unterschiedlich und so werden Trennungen von Person zu Person auch sehr unterschiedlich erlebt. Was macht Trennungen so individuell? Und wo liegen vielleicht doch Gemeinsamkeiten? Lassen Sie uns hierfür – als letztes Paar dieses Buches – Liam und Henna kennenlernen. Liam und Henna sind beide 35 Jahre alt und seit neun Jahren ein Paar. Sie haben sich während eines Studienaufenthaltes in Japan kennengelernt. Liam kommt aus Malaysia, Henna aus Finnland. Sie haben lange eine Fernbeziehung geführt. Seit zwei Jahren leben beide in Deutschland, weil er als Bühnenbildner an einem großen Theater tätig ist und sie in einer internationalen Anwaltskanzlei arbeitet.

Seit einem Jahr ist die Beziehung von Liam und Henna durch stetige Konflikte gekennzeichnet. Während sie anfangs beide bemüht waren, jeden Konflikt minutiös zu besprechen und sich empathisch in die Lage der anderen Person einfühlt, gibt es nun ein Konfliktthema, bei dem sie schlicht nicht weiterkommen. Liam wünscht sich Kinder, Henna nicht. Kleinste Alltagssituationen können einen großen Streit entfachen, nach dem beide stundenlang nicht miteinander sprechen. Auslöser kann sein, auf der Straße Eltern mit einem Kinderwagen zu begegnen. Liam lächelt und Henna verdreht die Augen. Sie hatten gedacht, dass sich die Situation lösen werde, wenn beide im gleichen Land wohnten und etwas Ruhe in ihren Alltag eingekehrt sei. Liam war still davon ausgegangen, dass Henna dann doch merken müsse, dass das Gründen einer Familie der nächste Schritt für sie beide sei. Aber dem war nicht so. Beide sahen sich auf unterschiedlichen Positionen, von denen aus sie nicht mehr zueinanderfanden; insbesondere weil ihr anhaltendes Konfliktthema ein so wichtiges und großes Lebensthema ist.

Liam und Henna haben daher den Entschluss gefasst, sich zu trennen. Erst wurde der Entschluss in einer verzweifelten nächtlichen Streitigkeit von Henna ausgesprochen. Am nächsten Tag sprachen beide in Ruhe über die Situation und sahen ein, dass sie zusammen nicht mehr weiterkamen. Das, was sich die eine Person wünschte, war mit der anderen Person nicht realisierbar. Eine Zwickmühle. Sie können sich weiterhin freundschaftlich begegnen, aber sie gehen nun getrennte Wege. Solche oder ähnliche Trennungsgeschichten kennen die meisten von uns, entweder aus eigener Erfahrung oder aus dem sozialen Umfeld. Welche Erfahrungen haben Sie persönlich gemacht?

Übung 2. Meine Trennungsbiografie

Nehmen Sie sich einen Moment Zeit und denken Sie über Ihre eigenen Trennungserfahrungen nach. Vielleicht können Ihnen die unten stehenden Fragen beim Nachforschen und Explorieren helfen. Vielleicht sind es aber auch andere Fragen und Themen, die sich in den Vordergrund drängen.

- Welche Trennungen haben Sie erlebt?
- Gab es eine Trennung, die besonders schmerzhaft war?
- Wann haben Sie gemerkt, dass es für Sie beide in dieser Beziehung nicht mehr weitergeht?

- Haben Sie den Entschluss gefasst oder die andere Person?
- Welchen Unterschied hat es gemacht, wer die Entscheidung getroffen hat?
- Was ist der größte Verlust, den Sie durch diese Trennung erlebt haben?
- Welchen Gewinn haben Sie durch die Trennung erfahren?

Das Ende einer Beziehung oder das Ende einer Ehe gehört für viele Menschen zu den schmerzhaften Ereignissen im Leben.[158] Eine Trennung tut weh. Sie kann daher oft negative Auswirkungen haben, wie Schlafstörungen, Angststörungen, Stimmungsschwankungen oder eine verminderte Arbeitsmotivation.[159] Auch zeigt die neuere Forschung, dass eine Trennung mit einem reduzierten Selbstwertgefühl einhergeht. Interessanterweise ist dieser Effekt aber nur von kurzer Dauer, sodass es – mit etwas Abstand zur Trennung – mit dem Selbstwertgefühl wieder bergauf geht.[160] Es gibt aber auch Personen, die noch Jahre nach der Trennung mit dem Verlust zu kämpfen haben, etwa weil sie sich mit ihrem ehemaligen Partner oder ihrer ehemaligen Partnerin eng verbunden fühlen. Insbesondere haben jene Personen länger mit einer Trennung zu kämpfen, die weiterhin Gefühle aufrechterhalten – unabhängig davon, ob es positive oder negative Gefühle sind.[161] Denn beide Gefühlsarten tragen dazu bei, dass Personen mit der vergangenen Beziehung verwoben bleiben und sich schwerer damit tun, die Beziehung loszulassen.

Liam und Henna haben gemeinsam den Trennungsentschluss gefasst. Dass sie gemeinsam zu diesem Entschluss gelangt sind, muss nicht bedeuten, dass der Trennungsprozess dadurch weniger schmerzhaft ist, aber es kann helfen, wenn beide den Eindruck teilen, dass eine Trennung richtig sei. Interessant bei der Geschichte von Liam und Henna ist auch, dass es einen objektiven, klar benennbaren Punkt der Differenzen gab, ein Faktum, das zwischen ihnen stand und zu einer Trennung geführt hat. Der eine wollte Kinder, die andere nicht. Bei vielen Trennungen lässt sich dieser eine Trennungsgrund oft nicht klar benennen. Es ist eher ein komplexes Gemisch aus Enttäuschungen und verletzten Gefühlen, das schlussendlich zu einer Trennung führt.

Gibt es ein typisches Skript vom Ende einer Beziehung?

Trennungen wirken manchmal so, als würden sie aus heiterem Himmel fallen. Dies ist insbesondere dann der Fall, wenn wir von Personen hören, die sich getrennt haben und die wir für glücklich hielten. Wir sind überrascht, dass sie sich trennen. Der Grund für dieses Überraschen ist, dass sich Trennungen erst im Inneren des Paares abspielen, bevor sie nach außen getragen und damit offiziell werden.[162] Als externer Beobachter oder externe Beobachterin bin ich von diesen internen Phasen so lange ausgeschlossen, bis sich das Paar oder eine:r der beiden Partner:innen entscheidet, die Trennungsabsichten mit dem Umfeld zu teilen. Welche Phasen werden bei einer Trennung typischerweise durchlaufen? Es sind vier Phasen, die in Abbildung 1 dargestellt sind und im Folgenden vorgestellt werden.[163]

Inneres Grübeln

Eine Trennung beginnt mit einer intrapsychischen Phase, das heißt mit einer Phase, die bei einer von beiden (oder auch bei beiden) Personen im Inneren stattfindet. Ein erster Moment, der leise Zweifel an der Beziehung und ihrem Fortführen schürt. Passen wir wirklich zusammen? Zweifel, die lauter werden und zu einem inneren Grübeln heranwachsen. Es kann sein, dass eine Person realisiert, dass

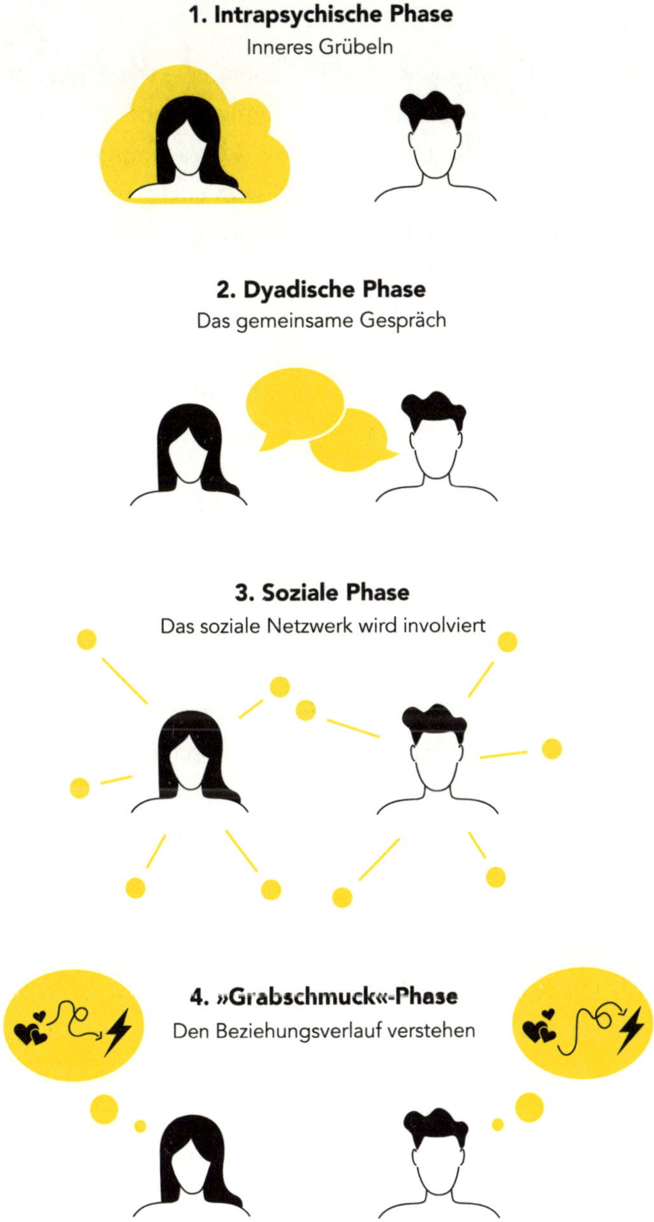

Abbildung 1. Die typischen Phasen einer Trennung

die Beziehung nicht mehr erfüllend ist, oder – wie bei Liam und Henna – beide merken, dass ihre Beziehung in eine Sackgasse führt. Es kann sein, dass das ein oder andere Gespräch mit dem Partner oder der Partnerin gesucht wird, um die Zweifel gemeinsam anzugehen, aber das Liebäugeln mit einer Trennung wird in dieser Phase gewöhnlich noch nicht mitgeteilt.

Viele von uns werden die Phase des inneren Grübelns kennen. Ein Nachdenken über die Beziehung gehört zu einer aktiven Auseinandersetzung mit der Beziehung und mit der eigenen Rolle in dieser dazu. Stellvertretende Fragen sind hier: »Fühle ich mich noch erfüllt in der Beziehung?«, »Stehe ich an dem Punkt in meinem Leben, an dem ich stehen möchte?«, oder: »Habe ich den für mich richtigen Partner oder die für mich richtige Partnerin an meiner Seite?« Man sollte sich diese Fragen nicht ständig stellen, weil zu viel inneres Grübeln auch zu viel sein kann. Aber es ist wichtig, immer wieder in sich hineinzuhorchen und sich zu fragen, ob alles noch gut ist. Manche Zweifel lösen sich im Laufe der Zeit wie von selbst auf. Andere Zweifel bleiben beharrlich bestehen und schüren die Unzufriedenheit. Dann ist es wichtig, das innere Grübeln ernst zu nehmen, aus dem inneren Prozess hinauszutreten und das Gespräch mit dem Partner oder der Partnerin zu suchen.

Können wir reden?

Der nächste Schritt ist daher die dyadische Phase, in der eine der beiden Personen ihre Unzufriedenheit mitteilt. Zum Beispiel könnte Henna zu Liam gesagt haben, dass sie den Druck, der auf ihr bezüglich der Familienplanung laste, nicht länger ertragen könne. Liam hätte dann höchstwahrscheinlich seine Sichtweise dargestellt und gesagt, dass er das Gefühl habe, gar nichts mehr zu dem Thema sagen zu können, ohne dass Henna wütend oder traurig werde. Beide hätten einander zugehört und geredet, manchmal wäre es lauter geworden, manchmal leiser und manchmal wäre es sehr still gewesen. Manchmal hätten sie ihre Emotionen unter Kontrolle gehabt, und ein anderes Mal wären Tränen geflossen. Auch wenn diese Gespräche sehr aufwühlend sein können, so können sie sehr wertvoll sein. Denn es kann eine authentische Begegnung stattfinden, in der Partner:innen ihre Bedürfnisse mitteilen, nochmals enger zusammenwachsen und selbst in dieser existenziellen Phase ihrer Beziehung wieder zueinanderfinden.

Gespräche dieser Art können aber auch zu weiterer Unzufriedenheit führen. Dies ist insbesondere dann der Fall, wenn immerzu um dasselbe Problem gekreist wird und immer noch keine Lösung in Sicht ist. »Wir kommen zusammen einfach nicht weiter«, hätte Henna vielleicht gesagt und damit eine Trennungsabsicht angedeutet. Diese Trennungsabsicht kann sich im Laufe der Zeit zuspitzen und verfestigen. Allerdings bleibt die Absicht typischerweise immer noch innerhalb des Paares. Verschiedene Szenarien werden durchgespielt und Gedankenexperimente werden auf den Prüfstand gestellt. Eine Trennung in Gedanken, die sich Stück für Stück in die Realität übersetzt. Sie wird dann real, wenn der Entschluss anderen Personen mitgeteilt wird.

Wir müssen euch was sagen

Der dritte Schritt ist daher die soziale Phase, in der das soziale Netzwerk miteinbezogen wird. Wenn Kinder involviert sind und behutsam auf den Entschluss der Eltern vorbereitet werden, wenn die beste Freundin angerufen wird oder wenn die Eltern informiert werden. Kinder, die beste Freundin oder andere Personen des sozialen Netzwerks sind keine neutralen Beobachter:innen des Entschlusses, sondern kommentieren das Ereignis ihrerseits. Entweder weil sie direkt davon betroffen sind, wie Kinder, die ihren Eltern möglicherweise wütende Vorwürfe machen. Oder andere Personen, die selbst ein Gefühl oder eine Meinung zu der Situation haben, wie die beste Freundin, die sagt: »Ich wusste von Anfang an, dass das nicht passt.« Solche Sätze sind oft gut gemeint, helfen in der Situation aber nicht unbedingt weiter. Zentrales Momentum dieser Phase ist, dass der Entschluss der Trennung nach außen kommuniziert wird. Die Trennung ist damit ein soziales Ereignis geworden und hat einen offiziellen Anstrich bekommen. Es ist jetzt endgültig. Wir werden uns trennen.

Was wir gewesen sein werden

Die letzte Phase ist die Phase des »Grabschmucks«. Menschen haben das Bedürfnis, aus ihren Erlebnissen eine Geschichte zu formen, um dem Leben Struktur und Sinn zu verleihen. Das gleiche Bedürfnis haben Menschen, wenn eine Beziehung zu Ende geht. Es ist das Bedürfnis, den Verlauf der Beziehung in Worte zu fassen, mit Fragen wie: »Wie kam es zu der Beziehung und wie kam es zu ihrem Ende?«, »Wer war ich in der Beziehung und wer bin ich jetzt? «, oder: »Welchen Anteil tragen wir beide an der Trennung?«

Diese Phase wird meist von beiden Partner:innen allein durchlebt, oft im Austausch mit guten Freund:innen, aber selten mit dem Partner oder der Partnerin zusammen. Manchmal muss man sich in der Phase auch vor sich selbst oder vor anderen rechtfertigen, etwa vor der besten Freundin, die von Anfang an gewusst haben will, dass das nichts werde. Um diese letzte Phase konstruktiv zu bewältigen, kann es hilfreich sein, den Fokus auf das zu lenken, was wir durch die Beziehung gelernt haben und aus der Erfahrung mitnehmen möchten. Ich lade Sie daher ein, sich einen Moment der Grabschmuck-Phase zu gönnen und nochmals auf Ihre Beziehungs- und Trennungserfahrungen zurückzublicken.

Übung 3. Trennungen wertschätzen

Nehmen Sie sich einen Moment Zeit und denken Sie an eine zu Ende gegangene Beziehung. Gehen Sie dabei folgenden Fragen nach:

- Was haben Sie in dieser Beziehung gelernt?
- Wer sind Sie durch diese Beziehung geworden?
- Wofür sind Sie Ihrem ehemaligen Partner oder Ihrer ehemaligen Partnerin dankbar?
- Was möchten Sie sich von dieser Beziehung bewahren?
- Gibt es Aspekte, bei denen Sie froh sind, sich nicht mehr damit auseinandersetzen zu müssen?

Die vier Trennungsphasen laufen oft nicht so systematisch ab, wie wir sie nun skizziert haben. Manche Paare beginnen direkt bei Phase 3, und andere Paare durchlaufen vier Mal die Phasen 1 und 2, bis es zu einer endgültigen Trennungsentscheidung kommt – oder auch nicht. Trotz dieser Vielfältigkeit im tatsächlichen Ausgestalten der Trennung kann es hilfreich sein, eine schematische Vorstellung des Trennungsprozesses zu haben, um dessen Komplexität besser zu verstehen.

Krisenmomente und was man dagegen tun kann

Eine Trennung ist der Moment, an dem sich die Unzufriedenheit in der Beziehung kumuliert hat. Wie wir in den vorherigen Kapiteln gesehen haben, entsteht die Unzufriedenheit in der Beziehung dann, wenn die negativen Momente der Beziehung die positiven Momente überschatten. Wenn die Momente des Lachens, der Zärtlichkeit und des wertschätzenden Miteinanders durch Kälte, Distanz und Kritik überlagert werden. Die schönen und stärkenden Momente sind wichtig, damit die schwierigen Momente nicht zu viel Gewicht bekommen. Es ist daher lohnend, immer wieder in die schönen Momente der Beziehung zu investieren, um die Beziehung stark genug für unliebsame Momente und mögliche Krisen zu machen. Einen Puffer aufbauen, damit man rechtzeitig den richtigen Kurs einschlagen kann und nicht auf eine Trennung zusteuert.

Ein weiterer wichtiger Faktor für eine zufriedene Beziehung ist die eigene Selbstentwicklung. Selbstverständlich gibt es immer auch Augenblicke, in denen weniger Selbstentwicklung möglich ist. Wir sollten nicht davon getrieben sein, immer und beständig unser bestmögliches Selbst zu werden. Viel entscheidender ist, ob wir das *Potenzial* dafür sehen, uns in der Beziehung zu der Person entwickeln zu können, die wir gerne sein möchten. Personen, die nicht nur Entwicklungspotenzial für die Beziehung, sondern auch Entwicklungspotenzial für sich in der Beziehung sehen, werden langfristig die zufriedeneren Partner:innen sein. Diese Zuversicht kann in Krisenmomenten helfen, das innere Grübeln in eine beziehungsförderliche Richtung zu lenken und im dyadischen Gespräch neue, gemeinsame Entwicklungsmöglichkeiten zu entdecken.

Wenn eine Beziehung langfristig kein Entwicklungspotenzial beinhaltet und als unbefriedigend erlebt wird, kann eine Trennung auch mit einem Gefühl der Erleichterung einhergehen. Denn getrennte Leben können eine Chance für persönliches Wachstum und Autonomie darstellen, denn Forschungsergebnisse zeigen, dass getrennte Personen wieder die Beziehungen mit Freund:innen und Familie intensivieren, neue Freizeitbeschäftigungen entdecken oder mehr Energie in den Beruf stecken.[164] Bei der Interpretation dieser

Befunde sei jedoch hervorzuheben, dass sie im Nachgang an eine Trennung und nicht im Moment der Trennung selbst erfasst wurden. Denn im Moment der Trennung sind wir oft einfach nur enttäuscht, wütend oder traurig – oder alles auf einmal. Zuversicht und Entwicklungsmöglichkeiten kommen erst im Laufe der Zeit dazu. Was hilft, gut mit einer Trennung zurechtzukommen? Der nachfolgende Kasten fasst einige Punkte zusammen.

Das macht Trennungen leichter

Folgende Faktoren können dabei helfen, gut mit einer Trennung zurechtzukommen:[165]

- Eine sichere, optimistische Persönlichkeit
- Finanzielle Sicherheit
- Ein gutes soziales Netzwerk sowie Unterstützung von Freund:innen und Familie
- Den Verlust akzeptieren
- Liebe und Wut auf den Partner oder die Partnerin loslassen
- Eine Veränderung in der eigenen Persönlichkeit und Identität anstoßen
- Falls Kinder vorhanden sind: Mögliche Konflikte über Sorgerechtsvereinbarungen etc. gemeinsam gut bewältigen
- Mögliche neue Beziehungen eingehen

Was uns Trennungen über Beziehungen lehren

Wir sehen, dass die Persönlichkeit auch bei Trennungen eine wichtige Rolle spielt, denn eine optimistischere, sicherere und emotional stabilere Persönlichkeit hilft, besser mit einer Trennung zurechtzukommen.[166] Auch tun wir gut daran, die eigene Persönlichkeit nach einer Trennung neu auszurichten und diese von einem gemeinsamen »Wir« zu einem singulären und starken »Ich« zu bewegen. Denn Personen, die ein Verständnis davon haben, wer sie – auch ohne Beziehung – sind, erleben weniger Traurigkeit nach einer Trennung.[167] Ratsam ist es daher, dem Ich auch schon in der Beziehung ausreichend Bedeutung zu schenken. Ohne Ich – und Du – kein Wir. Das bedeutet keineswegs, dass Sie egoistisch sein müssen oder sich nicht auf eine Beziehung einlassen sollten. Im Gegenteil: Partner:innen, die ein Gefühl dafür haben, wer sie sind, können sich sorgloser und authentischer auf die Begegnung mit einer anderen Person einlassen.

Wir sehen, dass auch Trennungen etwas mit unserer Persönlichkeit machen. Denn solange wir in einer Beziehung sind, erweitert sich unser Selbstkonzept fast automatisch um Eigenschaften der anderen Person. Wenn Henna beispielsweise leidenschaftlich gerne Vögel in der freien Wildnis beobachtet und hierfür frühmorgens mit einem Fernglas bestückt in den Wald geht, wird Liam vielleicht das ein oder andere Mal mitgekommen sein und sich seinerseits in die Ornithologie vertieft haben. Vielleicht hat er im Laufe der Zeit sogar eine Begeisterung für dieses Hobby entwickelt. Seine Interessen, seine Persönlichkeit und sein Selbstkonzept haben sich um einen Aspekt bereichert, den er vor der Beziehung mit Henna noch nicht gekannt hat. Henna ihrerseits hat durch Liam das Surfen kennen- und lieben gelernt. Was passiert nun, wenn sich Henna und Liam trennen? Beide werden eine Verkleinerung ihres Selbstkonzepts spüren. Vielleicht wird Liam ab und an noch Vögel beobachten und Henna wird ab und an noch surfen gehen. Aber möglicherweise wird dieser Teil ihres Selbst im Zuge der Trennung immer kleiner werden und sich irgendwann ganz auflösen.

Bei Henna und Liam war es insofern ausgewogen, als dass sie sich gegenseitig in ihren Selbstkonzepten bereichert haben. Problematischer ist es, wenn eine Person all ihre Interessen, ihr Umfeld und ihre Freund:innen nur über die andere Person definiert. Bei einer Trennung kommt es dann zu einem erheblichen Verlust des eigenen Selbstkonzepts und der eigenen Persönlichkeit.[168] Daher ist es ratsam, auch schon während der Beziehung darauf zu achten, dass das eigene Selbst nicht gänzlich über das Selbst der anderen Person definiert wird. Vielleicht erinnern Sie sich hier an die überlappenden Kreise aus Übung 4 in Kapitel 1? Auch die am stärksten überlappende Option – Option G – enthielt noch einen Rand »Selbst«; einen Raum für das eigene Ich.

Trennungen können uns daher Wesentliches über Beziehungen lehren. Denn obwohl sich die meisten Personen eine lang andauernde, glückliche Beziehung wünschen, kann jede Beziehung irgendwann an den Punkt kommen, an dem Partner:innen miteinander nicht weiterkommen. Daher ist es ratsam – selbst in der glücklichsten Beziehung –, dem eigenen Ich ausreichend Bedeutung und Wert beizumessen, sodass die Definition der eigenen Person nicht ausschließlich auf der Beziehung beruht. Dadurch entsteht ein starkes und in sich gefestigtes Ich, das sich mit einem Du verbünden kann.

08

Die Kraft des Erzählens

Welche Bedeutung die Geschichte einer Beziehung hat

Mein eigenes Lebensnarrativ

Menschen sind Geschichtenerzähler. Dabei geht es nicht um irgendwelche Geschichten, sondern um die eigene Lebensgeschichte. Das Lebensnarrativ. Wie wir bereits in Kapitel 2 gesehen haben, ist das Lebensnarrativ ein wesentlicher Teil der eigenen Persönlichkeit. Es verbindet die Vergangenheit, Gegenwart und Zukunft anhand einer kohärenten Geschichte und vermittelt dadurch ein Gefühl von Sinn und Identität.[169]

Lebensnarrative sind höchst individuell. In Kapitel 2 haben wir mit dem Höhepunkt und dem Tiefpunkt bereits zwei zentrale Elemente des Lebensnarrativs kennengelernt. Erinnern Sie sich noch, was Sie geantwortet haben? Ich möchte Sie nun einladen, ein drittes Element – einen Wendepunkt – Ihrer Lebensgeschichte kennenzulernen. Die folgenden Passagen lehnen auch diesmal an die englische Originalversion des *Life Story Interviews* von Dan McAdams an.[170]

Übung 1. Ein Wendepunkt in meinem Leben

Nehmen Sie sich einen Moment Zeit und machen Sie sich zu den folgenden Fragen Gedanken.

Blicken Sie auf Ihr bisheriges Leben. Möglicherweise können Sie wichtige *Wendepunkte* ausfindig machen, die Ihre Lebensgeschichte verändert haben. Wendepunkte können in verschiedenen Bereichen des Lebens vorkommen – im Privaten wie im Beruflichen. Die Erfahrung eines Wendepunktes kann beispielsweise dazu geführt haben, dass Sie sich nun selbst besser kennen.

Versuchen Sie einen Moment aus Ihrer Lebensgeschichte herauszugreifen, den Sie heute als Wendepunkt erachten. Was ist genau passiert? Wann und wo ist es passiert ist und wer war beteiligt? Wissen Sie noch, was Sie gedacht und gefühlt haben? Und überlegen Sie sich auch, welchen Einfluss dieses Erlebnis auf Sie hatte und was dieses Erlebnis über Sie als Person aussagt.

Quelle: Das ganze Life-Story-Interview finden Sie im englischen Original auf der Homepage der »The Study of Lives Research Group« an der Northwestern University.[171]

Was ist die Geschichte unserer Beziehung?

Nicht nur Personen haben ihre Geschichten, sondern auch Paare. Jedes Paar hat seine eigene Geschichte, sein Beziehungsnarrativ. Diese Geschichte erzählt davon, wie das Paar zusammengekommen ist und wer den ersten Schritt gemacht hat. Das Beziehungsnarrativ erzählt von den besonders schönen Momenten in der Beziehung, es beinhaltet aber auch die besonders traurigen und schwierigen Momente. Ähnlich wie beim Lebensnarrativ, ist das Beziehungsnarrativ formgebend und prägend für das Paar. Es vermittelt dem Paar Sinn und Identität, mit all den Höhe-, Tief- und Wendepunkten in der gemeinsamen Geschichte, auch wenn das Paar zusammenbleibt und sich nicht der Grabschmuck-Phase bedienen muss.

Der Zauber des Anfangs

In der Paartherapie werden Komponenten des Beziehungsnarrativs genutzt, um auf den Beginn der Beziehung zu blicken. Im *Oral-His-*

tory-Interview beispielsweise wird das Paar gebeten, gemeinsam den Anfang seiner Beziehung zu erzählen.[172] Welche Momente stechen heraus, wenn es an die ersten Wochen und Monate als Paar denkt?

Die erste gemeinsame Zeit steht im Mittelpunkt, weil Paare, die in eine Paartherapie kommen, oft an einem Punkt in ihrer Beziehung stehen, an dem sie unzufrieden sind. Ein Punkt, an dem sie das Gefühl haben, sich im Kreis zu drehen und nicht mehr zueinanderzufinden. Ein Punkt, an dem die Fragen größer als die Antworten sind. In solchen Momenten kann es hilfreich und wohltuend sein, sich gemeinsam daran zu erinnern, weshalb man ein Paar geworden ist.

Das gemeinsame Zurückdenken und Zurückfühlen an die erste gemeinsame Zeit kann Energie freisetzen und Mut machen. Denn meistens sind die Anfänge von Beziehungen schön und energetisierend. Es sind Momente der Vorfreude und der Schmetterlinge im Bauch. Sich gemeinsam dieser Lebendigkeit zu entsinnen, kann Partner:innen vor Augen führen, wofür es sich zu kämpfen lohnt. Vielen Paaren wird in diesen Momenten der Kontrast zwischen damals und heute schmerzhaft vor Augen geführt. Früher waren wir doch so glücklich – und jetzt? Bei den meisten Paaren löst dieser Kontrast den Wunsch aus, wieder zueinanderzufinden und miteinander zu wachsen. Anderen Paaren kann dieser Kontrast aber auch bewusst machen, dass der Graben zwischen damals und heute zu groß geworden und nicht mehr zu überbrücken ist.

Eine Paartherapie hat nicht automatisch zum Ziel, dass das Paar zusammenbleibt. Das Ziel der Paartherapie ist es, gemeinsam diejenige Lösung zu finden, die für beide Partner:innen – als Individuen und als Paar – gut ist. Man kann Beziehungsglück nicht erzwingen. Es muss von zwei Individuen generiert und genährt werden, denn es reicht nicht, beim Dreiklang von Ich, Du, Wir hinten ansetzen zu wollen und auf »Mehr Wir« zu fokussieren. Denn mehr Gemeinsamkeit und mehr Paar kann nur funktionieren, wenn diese Gemeinsamkeit von zwei in sich verankerten Individuen ausgeht und authentisch ist. Das Oral-History-Interview kann dabei helfen, zu dieser Stärke zurückzufinden.

Die ganze Geschichte

Beziehungen bestehen aber nicht nur aus Anfängen, denn der entscheidende Teil einer Beziehung kommt nach dem Kennenlernen. Im Laufe der Zeit formt sich aus den verschiedenen Beziehungsmomenten, die ein Paar erlebt, eine Beziehungsgeschichte. Eine Beziehungsgeschichte, die am Zauber des Anfangs ansetzt, aber weit darüber hinausreicht und die Höhen und Tiefen der Beziehung miteinschließt.

Um diese Beziehungsgeschichte systematisch zu erfassen, haben meine Kolleg:innen und ich ein umfassendes Beziehungsnarrativ entwickelt, das anhand eines Interviews erfasst wird. Dieses Interview folgt einem Leitfaden, den die interviewende Person mit der interviewten Person Schritt für Schritt durchgeht. Durch diese Struktur kann sichergestellt werden, dass die Antworten, die man von verschiedenen Personen erhält, vergleichbar sind. Im Rahmen einer Pilotstudie haben wir im Raum Chicago Partner:innen anhand dieses Leitfadens interviewt und so ihre Beziehungsnarrative erfahren dürfen. Diese Geschichten waren sehr berührend und sehr persönlich. Bei den Interviews wurde gelacht und geweint. Viele Partner:innen haben uns im Nachhinein berichtet, wie wohltuend es für sie war, die eigene Beziehungsgeschichte in einem geschützten Rahmen erzählen zu dürfen. Ich möchte daher auch Sie einladen, einen Aspekt aus Ihrem Beziehungsnarrativ zu entdecken: das nächste Kapitel in Ihrer Beziehung.

Übung 2. Das nächste Kapitel in unserer Beziehung

Lesen Sie sich die folgenden Fragen durch und machen Sie sich Gedanken dazu.

Ihre Beziehungsgeschichte umfasst Schlüsselszenen aus der Vergangenheit und sie umfasst, wie Sie sich Ihre Zukunft in der Beziehung vorstellen. Wie könnte das nächste Kapitel in Ihrer Beziehung aussehen? Versuchen Sie so konkret wie möglich zu beschreiben, wo Sie sind, wer mit Ihnen ist, was Sie denken und fühlen. Überlegen Sie auch, wie Ihre Beziehung vom aktuellen Kapitel zum nächsten Kapitel gelangt.[173]

Folgende weitere Themen werden im Beziehungsnarrativ behandelt:

Themen des Beziehungsnarrativs

- **Eine kurze Beschreibung der Beziehung:** Wie war der Anfang Ihrer Beziehung und wie ging es weiter?
- **Schlüsselszenen:** Was war ein Höhepunkt, ein Tiefpunkt und ein Wendepunkt in Ihrer Beziehung? Gibt es eine typische Szene aus Ihrer Beziehung, eine Art stellvertretenden Schnappschuss?
- **Schlüsselszenen in der Sexualität:** Welche Rolle spielt Sexualität in Ihrer Beziehung? Was war ein Höhepunkt, ein Tiefpunkt und ein Wendepunkt in Ihrer Sexualität? Können Sie als Partner:innen über Sexualität sprechen?

- **Ein Blick in die Zukunft:** Was sind Ihre Träume und Hoffnungen? Haben Sie gemeinsame Ziele?
- **Herausforderungen:** Was war bislang die größte Herausforderung in Ihrer Beziehung? Was haben Sie dadurch gelernt? Gab es einen Moment, an dem Sie sich beinahe getrennt hätten?
- **Persönliche Entwicklung:** Wie haben Sie sich als Person in Ihrer Beziehung entwickelt? Hat sich Ihre Sichtweise auf Liebe verändert? Was sind für Sie die guten und schlechten Seiten daran, in einer Beziehung zu sein?
- **Bedeutsame Einflüsse:** Wurden Sie durch die Beziehungen oder die Beziehungsgeschichten anderer Personen geprägt? Glauben Sie, dass Ihre eigene Beziehungsgeschichte einen Einfluss auf andere Personen haben könnte?
- **Zentrales Beziehungsthema:** Gibt es ein zentrales Thema oder ein Leitmotiv, das sich durch Ihre Beziehung zieht?
- **Passung:** Denken Sie, die Beziehungsgeschichte Ihres Partners oder Ihrer Partnerin wäre Ihrer Beziehungsgeschichte ähnlich?
- **Titel der Beziehungsgeschichte:** Wenn Ihre Beziehungsgeschichte ein Buch wäre, wie würde der Titel lauten?
- **Reflexion:** Wie hat es sich für Sie angefühlt, Ihre Beziehungsgeschichte zu teilen? Gab es Aspekte, die für Sie selbst neu waren?

Du und ich

Für das Oral-History-Interview, das in Paartherapiesitzungen eingesetzt wird, ist charakteristisch, dass beide Partner:innen den Anfang ihrer Beziehung gemeinsam erzählen. Denn in Momenten des

Schmerzes und der Stagnation kann es guttun, sich zusammen an das Positive des Anfangs zu erinnern.

Bei dem von uns entwickelten Beziehungsnarrativ ist der Ablauf ein anderer. Hier werden beide Partner:innen getrennt voneinander befragt, da es um die individuell erzählten Beziehungsgeschichten geht. Dabei gibt es keine richtige oder falsche Geschichte; es gibt lediglich zwei Personen mit möglicherweise zwei unterschiedlichen Perspektiven. Die Perspektive beider Partner:innen zu hören, trägt dem Faktum Rechnung, dass eine Beziehung immer aus zwei Individuen mit unterschiedlichen Persönlichkeiten und Erfahrungen besteht. In einem nachfolgenden Schritt können Forschende dann untersuchen, ob beide Partner:innen von den gleichen Höhe- und Tiefpunkten berichtet oder verschiedene Momente genannt haben und wie entscheidend diese Ähnlichkeit ist. Auch kann ergründet werden, welche Themen sich im Beziehungsnarrativ in den Vordergrund spielten und welche Themen weniger dominant vertreten waren.

Als Partner:innen kann es interessant sein, die Beziehungsnarrative miteinander zu teilen. Wichtig ist auch hier, dass es nicht darum geht, die andere Person von der eigenen Perspektive zu überzeugen. Stattdessen sollten wir den Geschichten staunend und neugierig begegnen. Denn die Geschichten, die wir über unser Leben und unsere Beziehung erzählen, sind das Persönlichste, das wir haben. Es ist daher auch ein Zeichen von Vertrauen, wenn Partner:innen ihre Geschichten miteinander teilen. Vielleicht wollen Sie ja einen Aspekt Ihres Beziehungsnarrativs mit Ihrem Partner oder Ihrer Partnerin teilen?

Übung 3. Unser nächstes Kapitel – wie siehst du es?

In der vorherigen Übung haben Sie sich damit befasst, wie das nächste Kapitel in Ihrer Beziehung für Sie persönlich aussieht. Nun geht es darum, Ihr nächstes Kapitel mit Ihrem Partner oder Ihrer Partnerin zu teilen. Und fragen Sie Ihren Partner oder Ihre Partnerin, wie er oder sie das nächste Kapitel sieht.

Denken Sie daran, dass es nicht darum geht, die richtige Perspektive zu finden. Es geht darum, interessiert daran zu sein, wie Sie sich beide das nächste Kapitel in Ihrer Beziehung vorstellen.

Erzählen ist kraftvoll

Das Lebensnarrativ ist ein wesentlicher Teil unserer Persönlichkeit und das Beziehungsnarrativ ist ein wesentlicher Teil unserer Identität als Paar. Erforschen Sie daher immer wieder Ihr Lebens- und Beziehungsnarrativ und teilen Sie es mit Ihrem Partner oder Ihrer Partnerin. Entdecken Sie, wie das nächste Kapitel in Ihrer Beziehung aussehen könnte, und finden Sie heraus, wie Sie dort gemeinsam hingelangen. Wohin möchten Sie sich als Individuen entwickeln? Und wie können Sie sich als Partner:innen dabei unterstützen?

Erzählen Sie! Erzählen Sie, wer Sie sind und wohin Sie möchten. Kommunizieren Sie Ihre Bedürfnisse und Entwicklungsziele, und fragen Sie Ihren Partner oder Ihre Partnerin nach seinen oder ihren Bedürfnissen und Entwicklungszielen. Durch diesen fortwährenden Kennenlern- und Entdeckungsprozess bleiben wir aneinander interessiert und treten immer wieder in Austausch miteinander. Eine Beziehung entsteht als Begegnung zweier Individuen, die sich fortwährend entwickeln dürfen und dadurch eng miteinander verbunden sind.

Epilog

Emma und Jakob, Selma und Georg, Malte und Louis, Henna und Liam. Diese vier fiktionalen Paare haben uns durch das Buch begleitet. Die Paare unterscheiden und gleichen sich doch. Sie unterscheiden sich, weil sie an unterschiedlichen Punkten in ihrem Leben stehen, weil sie verschiedene Bedürfnisse haben und weil sie ihre Bedürfnisse verschiedentlich ausdrücken. Sie gleichen sich aber auch, weil ihre Beziehungen durch das komplexe Zusammenspiel von Persönlichkeit und Beziehung geprägt sind und weil Selbstentwicklung ein zentraler Aspekt ihrer Beziehungen ist. Mal ist das Bedürfnis nach der eigenen Entwicklung lauter und mal leiser, aber es schwingt in jeder Beziehung mit. Daher tun wir gut daran, die Möglichkeiten der eigenen Entwicklung aufzuspüren und ihnen ausreichend Aufmerksamkeit zu schenken.

Die vier Paare haben uns dabei begleitet, das Zusammenspiel zwischen Persönlichkeit und Beziehung besser zu verstehen. Bei Emma und Jakob ging es um die Erwartungen, die Bedürfnisse, die zentralen Bausteine der Liebe sowie den Persönlichkeitsrucksack, den Partner:innen mit in die Beziehung bringen. Bei Selma und Georg ging es um die Annäherung an das eigene Idealselbst und darum, wie Partner:innen im Alltag interessiert aneinander bleiben können. Malte und Louis haben uns vor Augen geführt, wie Fühlen, Denken und Handeln im Beziehungsalltag miteinander verwoben sind und warum es wichtig ist, den apokalyptischen Reitern Einhalt zu gebieten und sich stattdessen in partnerschaftlicher Unterstützung zu üben. Durch Henna und Liam haben wir erfahren, dass Trennungen zu Beziehungsbiografien gehören und Partner:innen gut daran tun, auch in der Beziehung Wert auf ein stabiles und klares Ich zu legen. Denn nur ein stabiles Ich kann sich mit einem stabilen Du verbünden, um daraus ein stabiles Wir zu formen. Ein Wir, das ermöglicht, dass sich Partner:innen selbst entwickeln – und dadurch intensiver und glücklicher lieben.

Danksagung

Dieses Buch wäre niemals ohne die großartige Unterstützung vieler wunderbarer Menschen entstanden. Mein großer Dank gebührt meiner Kollegin und Freundin Joana Kelén, die durch ihre Grafiken und Illustrationen das Buch zum Leben erweckt hat. Weiterer Dank wird meiner Doktorandin Louisa Scheling zuteil, die durch ihren wachen und kritischen Blick den Inhalt des Buches geschärft hat. Ebenso danke ich Bettina Brinkmann und Dorothea Bühler vom BELTZ Verlag für ihre hervorragende Unterstützung bei der Vorbereitung, Konkretisierung und Umsetzung dieses Projekts. Unschätzbarer Dank gilt zudem Gian Marco Derungs, der der beste Verbündete ist, den ich mir wünschen könnte. Liebevoller Dank wird zudem unserem Sokrates und unserer Himmels-Lotte zuteil. Grenzenloser Dank gebührt schließlich meinen Eltern, Dr. Barbara Egin-Bühler und Dr. Walter Bühler, für ihre bedingungslose Liebe und uneingeschränkte Unterstützung bei all den kleinen und großen Abenteuern des Lebens. Engraziel fetg!

Übungsübersicht

Kapitel 1

Kapitel 2

Kapitel 3

Kapitel 4

Kapitel 5

Kapitel 6

Kapitel 7

Kapitel 8

Anmerkungen

01 Glücklich in der Liebe

1. Fincham, F. D., & Bradbury, T. N. (1987). The impact of attributions in marriage: A longitudinal analysis. *Journal of Personality and Social Psychology, 53*(3), 510–517. https://doi.org/10.1037/0022-3514.53.3.510
2. Hendrick, S. S. (1988). A generic measure of relationship satisfaction. *Journal of Marriage and Family, 50*(1), 93–98. https://doi.org/10.2307/352430
   Sander, J., & Böcker, S. (1993). Die Deutsche Form der Relationship Assessment Scale (RAS): Eine kurze Skala zur Messung der Zufriedenheit in einer Partnerschaft. *Diagnostica, 39*(1), 55–62.
3. Spanier, G. B. (1976). Measuring dyadic adjustment: New scales for assessing the quality of marriage and similar dyads. *Journal of Marriage and Family, 38*(1), 15–28. https://doi.org/10.2307/350547
4. Erikson, E. H. (1968). *Identity: Youth and crisis.* W. W. Norton & Company.
   Havighurst, R. J. (1972). *Developmental tasks and education (3rd ed.).* McKay.
5. Havighurst, R. J. (1972). *Developmental tasks and education (3rd ed.).* McKay.
6. Freund, A. M., & Ritter, J. O. (2009). Midlife crisis: A debate. *Gerontology, 55*(5), 582–591. https://doi.org/10.1159/000227322
   Levinson, D. J., Darrow, C. M., Klein, E. B., Levinson, M. H., & McKee, B. (1976). Periods in the adult development of men: Ages 18 to 45. *The Counseling Psychologist, 6*(1), 21–25. https://doi.org/10.1177/001100007600600105
7. Bühler, J. L., Krauss, S., & Orth, U. (2021). Development of relationship satisfaction across the life span: A systematic review and meta-analysis. *Psychological Bulletin, 147*(10), 1012–1053. https://doi.org/10.1037/bul0000342
8. Karney, B. R., & Bradbury, T. N. (2020). Research on marital satisfaction and stability in the 2010s: Challenging conventional wisdom. *Journal of Marriage and Family, 82*(1), 100–116. https://doi.org/10.1111/jomf.12635
9. Carstensen, L. L., Isaacowitz, D. M., & Charles, S. T. (1999). Taking time seriously: A theory of socioemotional selectivity. *American Psychologist, 54*(3), 165–181. https://doi.org/10.1037/0003-066x.54.3.165
10. Kurdek, L. A. (1998). The nature and predictors of the trajectory of change in marital quality over the first 4 years of marriage for first-married husbands and

wives. *Journal of Family Psychology, 12*(4), 494–510. https://doi.org/10.1037/0893-3200.12.4.494

Kurdek, L. A. (1999). The nature and predictors of the trajectory of change in marital quality for husbands and wives over the first 10 years of marriage. *Developmental Psychology, 35*(5), 1283–1296. https://doi.org/10.1037/0012-1649.35.5.1283

11. Bühler, J. L., Krauss, S., & Orth, U. (2021). Development of relationship satisfaction across the life span: A systematic review and meta-analysis. *Psychological Bulletin, 147*(10), 1012–1053. https://doi.org/10.1037/bul0000342
12. Sternberg, R. J. (1986). A triangular theory of love. *Psychological Review, 93*(2), 119-135. https://doi.org/10.1037/0033-295X.93.2.119

    Bradbury, T. N., & Karney, B. R. (2019). *Intimate Relationships* (3rd ed.). W. W. Norton & Company.
13. Berscheid, E., Snyder, M., & Omoto, A. M. (1989). The Relationship Closeness Inventory: Assessing the closeness of interpersonal relationships. *Journal of Personality and Social Psychology, 57*(5), 792–807. https://doi.org/10.1037/0022-3514.57.5.792
14. Aron, A., Aron, E. N., Tudor, M., & Nelson, G. (1991). Close relationships as including other in the self. *Journal of Personality and Social Psychology, 60*(2), 241-253. https://doi.org/10.1037/0022-3514.60.2.241

    Kelley, H. H., & Thibaut, J. W. (1978). *Interpersonal relations: A theory of interdependence.* Wiley.
15. Aron, A., Aron, E. N., Tudor, M., & Nelson, G. (1991). Close relationships as including other in the self. *Journal of Personality and Social Psychology, 60*(2), 241-253. https://doi.org/10.1037/0022-3514.60.2.241
16. Rusbult, C. E. (1980). Commitment and satisfaction in romantic associations: A test of the investment model. *Journal of Experimental Social Psychology, 16*(2), 172–186. https://doi.org/10.1016/0022-1031(80)90007-4

    Rusbult, C. E. (1983). A longitudinal test of the investment model: The development (and deterioration) of satisfaction and commitment in heterosexual involvements. *Journal of Personality and Social Psychology, 45*(1), 101–117. https://doi.org/10.1037/0022-3514.45.1.101

    Rusbult, C. E., & Buunk, B. P. (1993). Commitment processes in close relationships: An interdependence analysis. *Journal of Social and Personal Relationships, 10*(2), 175–204. https://doi.org/10.1177/026540759301000202

    Rusbult, C. E., Martz, J. M., & Agnew, C. R. (1998). The Investment Model Scale: Measuring commitment level, satisfaction level, quality of alternatives, and investment size. *Personal Relationships, 5*(4), 357–391. https://doi.org/10.1111/j.1475-6811.1998.tb00177.x

17. Le, B., & Agnew, C. R. (2003). Commitment and its theorized determinants: A meta-analysis of the investment model. *Personal Relationships, 10*(1), 37–57. https://doi.org/10.1111/1475-6811.00035
18. Agnew, C. R., Van Lange, P. A. M., Rusbult, C. E., & Langston, C. A. (1998). Cognitive interdependence: Commitment and the mental representation of close relationships. *Journal of Personality and Social Psychology, 74*(4), 939–954. https://doi.org/10.1037/0022-3514.74.4.939
19. Rusbult, C. E., Martz, J. M., & Agnew, C. R. (1998). The Investment Model Scale: Measuring commitment level, satisfaction level, quality of alternatives, and investment size. *Personal Relationships, 5*(4), 357-391. https://doi.org/10.1111/j.1475-6811.1998.tb00177.x
20. Grau, I., Mikula, G., & Engel, S. (2001). Skalen zum Investitionsmodell von Rusbult. *Zeitschrift für Sozialpsychologie*, 32(1), 29-44. https://doi.org/10.1024//0044-3514.32.1.29
21. Hassebrauck, M. (1997). Cognitions of relationship quality: A prototype analysis of their structure and consequences. *Personal Relationships, 4*(2), 163–185. https://doi.org/10.1111/j.1475-6811.1997.tb00137.x
22. Finkel, E. J., Hui, C. M., Carswell, K. L., & Larson, G. M. (2014). The suffocation of marriage: Climbing Mount Maslow without enough oxygen. *Psychological Inquiry, 25*(1), 1–41. https://doi.org/10.1080/1047840x.2014.863723
23. Maslow, A. H. (1954). *Motivation and personality.* Harper & Row.
    Maslow, A. H. (1943). A theory of human motivation. *Psychological Review, 50*(4), 370–396. https://doi.org/10.1037/h0054346
24. Maslow, A. H. (1954). *Motivation and personality.* Harper & Row.
    Maslow, A. H. (1943). A theory of human motivation. *Psychological Review, 50*(4), 370–396. https://doi.org/10.1037/h0054346
25. Finkel, E. J., Hui, C. M., Carswell, K. L., & Larson, G. M. (2014). The suffocation of marriage: Climbing Mount Maslow without enough oxygen. *Psychological Inquiry, 25*(1), 1–41. https://doi.org/10.1080/1047840x.2014.863723
26. Finkel, E. J., Hui, C. M., Carswell, K. L., & Larson, G. M. (2014). The suffocation of marriage: Climbing Mount Maslow without enough oxygen. *Psychological Inquiry, 25*(1), 1–41. https://doi.org/10.1080/1047840x.2014.863723
    Für weitere Literatur, siehe auch: Cherlin, A. J. (2009). *The marriage-go-round: The state of marriage and the family in America today*. Vintage Books.
27. Finkel, E. J., Hui, C. M., Carswell, K. L., & Larson, G. M. (2014). The suffocation of marriage: Climbing Mount Maslow without enough oxygen. *Psychological Inquiry, 25*(1), 1–41. https://doi.org/10.1080/1047840x.2014.863723

28. Bellah, R., Madsen, R., Sullivan, W., Swindler, A., & Tipton, S. M. (1985). *Habits of the heart: Individualism and commitment in American life*. Hutchinson.
29. Finkel, E. J., Hui, C. M., Carswell, K. L., & Larson, G. M. (2014). The suffocation of marriage: Climbing Mount Maslow without enough oxygen. *Psychological Inquiry, 25*(1), 1–41. https://doi.org/10.1080/1047840x.2014.863723
30. Knee, C. R., Nanayakkara, A., Vietor, N. A., Neighbors, C., & Patrick, H. (2001). Implicit theories of relationships: Who cares if romantic partners are less than ideal? *Personality and Social Psychology Bulletin, 27*(7), 808-819. https://doi.org/10.1177/0146167201277004
31. Feeney, B. C., & Collins, N. L. (2015). A new look at social support: A theoretical perspective on thriving through relationships. *Personality and Social Psychology Review, 19*(2), 113-147. https://doi.org/10.1177/1088868314544222
32. Für eine Übersicht siehe: Finkel, E. J., Hui, C. M., Carswell, K. L., & Larson, G. M. (2014). The suffocation of marriage: Climbing Mount Maslow without enough oxygen. *Psychological Inquiry, 25*(1), 1-41. https://doi.org/10.1080/1047840x.2014.863723
33. Coulter, K., & Malouf, J. M. (2013). Effects of an intervention designed to enhance romantic relationship excitement: A randomized-control trial. *Couple and Family Psychology: Research and Practice, 2*(1), 34–44. https://doi.org/10.1037/a0031719
34. Aron, A., Norman, C. C., Aron, E. N., McKenna, C., & Heyman, R. E. (2000). Couples' shared participation in novel and arousing activities and experienced relationship quality. *Journal of Personality and Social Psychology, 78*(2), 273–284. https://doi.org/10.1037/0022-3514.78.2.273
    Coulter, K., & Malouff, J. M. (2013). Effects of an intervention designed to enhance romantic relationship excitement: A randomized-control trial. *Couple and Family Psychology: Research and Practice, 2*(1), 34–44. https://doi.org/10.1037/a0031719

02 Wir sind unterschiedlich

35. Neyer, F., & Asendorpf, J. B. (2017). *Psychologie der Persönlichkeit* (6th ed.). Springer.
36. McAdams, D. P. (2013). The psychological self as actor, agent, and author. *Perspectives on Psychological Science, 8*(3), 272–295. https://doi.org/10.1177/1745691612464657

37. McAdams, D. P. (2013). The psychological self as actor, agent, and author. *Perspectives on Psychological Science, 8*(3), 272–295. https://doi.org/10.1177/1745691612464657
McAdams, D. P., & Pals, J. L. (2006). A new Big Five: Fundamental principles for an integrative science of personality. *American Psychologist, 61*(3), 204–217. https://doi.org/10.1037/0003-066x.61.3.204
38. McCrae, R. R., & Costa, P. T., Jr. (1987). Validation of the five-factor model of personality across instruments and observers. *Journal of Personality and Social Psychology, 52*(1), 81-90. https://doi.org/10.1037//0022-3514.52.1.81
McCrae, R. R., & Costa, P. T., Jr. (2008). The five-factor theory of personality. In O. P. John, R. W. Robins, & L. A. Pervin (Eds.), *Handbook of personality: Theory and research* (pp. 159–181). The Guilford Press.
39. McAdams, D. P. (2013). The psychological self as actor, agent, and author. *Perspectives on Psychological Science, 8*(3), 272–295. https://doi.org/10.1177/1745691612464657
40. Ostendorf, F. & Angleitner, A. (2004). NEO-Persönlichkeitsinventar nach Costa und McCrae: NEO-PI-R; Manual, Revidierte Fassung. Hogrefe.
Rammstedt, B., & John, O. P. (2007). Measuring personality in one minute or less: A 10-item short version of the Big Five Inventory in English and German. *Journal of Research in Personality, 41*(1), 203–212. https://doi.org/10.1016/j.jrp.2006.02.001
41. Ostendorf, F. & Angleitner, A. (2004). NEO-Persönlichkeitsinventar nach Costa und McCrae: NEO-PI-R; Manual, Revidierte Fassung. Hogrefe.
John, O. P., & Srivastava, S. (1999). The Big Five trait taxonomy: History, measurement, and theoretical perspectives. In L. A. Pervin & O. P. John (Eds.), *Handbook of personality: Theory and research* (pp. 102–138). The Guilford Press.
42. Markus, H., & Nurius, P. (1986). Possible selves. *American Psychologist, 41*(9), 954–969. https://doi.org/10.1037/0003-066X.41.9.954
43. McAdams, D. P., & Pals, J. L. (2006). A new Big Five: Fundamental principles for an integrative science of personality. *American Psychologist, 61*(3), 204–217. https://doi.org/10.1037/0003-066x.61.3.204
44. Dunlop, W. L. (2015). Contextualized personality, beyond traits. *European Journal of Personality, 29*(3), 310–325. https://doi.org/10.1002/per.1995
45. McAdams, D. P. (2013). The psychological self as actor, agent, and author. *Perspectives on Psychological Science, 8*(3), 272–295. https://doi.org/10.1177/1745691612464657
46. McAdams, D. P. (2008). *The life story interview*. [Unpublished manuscript]. Northwestern University.

47. McAdams, D.P. (2008). *The life story interview.* [Unpublished manuscript]. Northwestern University.
48. https://sites.northwestern.edu/thestudyoflivesresearchgroup/
49. https://sites.northwestern.edu/thestudyoflivesresearchgroup/
50. Adler, J.M., Dunlop, W.L., Fivush, R., Lilgendahl, J.P., Lodi-Smith, J., McAdams, D.P., McLean, K.C., Pasupathi, M., & Syed, M. (2017). Research methods for studying narrative identity: A primer. *Social Psychological and Personality Science, 8*(5), 519–527. https://doi.org/10.1177/1948550617698202
51. McAdams, D.P., & Pals, J.L. (2006). A new Big Five: Fundamental principles for an integrative science of personality. *American Psychologist, 61*(3), 204–217. https://doi.org/10.1037/0003-066x.61.3.204
52. McAdams, D.P. (2006). *The redemptive self: Stories Americans live by.* Oxford University Press. https://doi.org/10.1093/acprof:oso/9780195176933.001.0001
53. Bühler, J.L., Weidmann, R., & Grob, A. (2021). The actor, agent, and author across the life span: Interrelations between personality traits, life goals, and life narratives in an age-heterogeneous sample. *European Journal of Personality, 35*(2), 168-196. https://doi.org/10.1002/per.2275
54. Roberts, B.W., & DelVecchio, W.F. (2000). The rank-order consistency of personality traits from childhood to old age: A quantitative review of longitudinal studies. *Psychological Bulletin, 126*(1), 3–25. https://doi.org/10.1037/0033-2909.126.1.3

    Roberts, B.W., Walton, K.E., & Viechtbauer, W. (2006). Patterns of mean-level change in personality traits across the life course: A meta-analysis of longitudinal studies. *Psychological Bulletin, 132*(1), 1–25. https://doi.org/10.1037/0033-2909.132.1.1
55. Roberts, B.W., & DelVecchio, W.F. (2000). The rank-order consistency of personality traits from childhood to old age: A quantitative review of longitudinal studies. *Psychological Bulletin, 126*(1), 3–25. https://doi.org/10.1037/0033-2909.126.1.3
56. Roberts, B.W., Walton, K.E., & Viechtbauer, W. (2006). Patterns of mean-level change in personality traits across the life course: A meta-analysis of longitudinal studies. *Psychological Bulletin, 132*(1), 1–25. https://doi.org/10.1037/0033-2909.132.1.1
57. Roberts, B.W., Walton, K.E., & Viechtbauer, W. (2006). Patterns of mean-level change in personality traits across the life course: A meta-analysis of longitudinal studies. *Psychological Bulletin, 132*(1), 1–25. https://doi.org/10.1037/0033-2909.132.1.1

58. Bleidorn, W., Klimstra, T. A., Denissen, J. J. A., Rentfrow, P. J., Potter, J., & Gosling, S. D. (2013). Personality maturation around the world: A cross-cultural examination of social-investment theory. *Psychological Science, 24*(12), 2530–2540. https://doi.org/10.1177/0956797613498396
59. Roberts, B. W., Wood, D., & Smith, J. L. (2005). Evaluating five factor theory and social investment perspectives on personality trait development. *Journal of Research in Personality, 39*(1), 166–184. https://doi.org/10.1016/j.jrp.2004.08.002
60. van Scheppingen, M. A., Jackson, J. J., Specht, J., Hutteman, R., Denissen, J. J. A., & Bleidorn, W. (2016). Personality trait development during the transition to parenthood: A test of social investment theory. *Social Psychological and Personality Science, 7*(5), 452–462. https://doi.org/10.1177/1948550616630032
61. Bühler, J. L., Weidmann, R., Nikitin, J., & Grob, A. (2019). A closer look at life goals across adulthood: Applying a developmental perspective to content, dynamics, and outcomes of goal importance and goal attainability. *European Journal of Personality, 33*(3), 359–384. https://doi.org/10.1002/per.2194
62. Fivush, R., Habermas, T., & Reese, E. (2019). Retelling lives: Narrative style and stability of highly emotional events over time. *Qualitative Psychology, 6*(2), 156–166. https://doi.org/10.1037/qup0000150
63. Kelley, H. H., & Thibaut, J. W. (1978). *Interpersonal relations: A theory of interdependence.* Wiley.
Thibaut, J. W., & Kelley, H. H. (1959). *The social psychology of groups.* Wiley.
64. Fletcher, G. J. O., Simpson, J. A., Campbell, L., & Overall, N. C. (2013). *The science of intimate relationships.* Wiley Blackwell.
Kelley, H. H., & Thibaut, J. W. (1978). *Interpersonal relations: A theory of interdependence.* Wiley.
65. Karney, B., & Bradbury, T. (1995). The longitudinal course of marital quality and stability: A review of theory, methods, and research. *Psychological Bulletin, 118*(1), 3–34. https://doi.org/10.1037/0033-2909.118.1.3
McNulty, J. K., Meltzer, A. L., Neff, L. A., & Karney, B. R. (2021). How both partners' individual differences, stress, and behavior predict change in relationship satisfaction: Extending the VSA model. *Proceedings of the National Academy of Sciences of the United States of America, 118*(27), e2101402118. https://doi.org/10.1073/pnas.2101402118
66. Bodenmann, G. (1995). A systemic-transactional conceptualization of stress and coping in couples. *Swiss Journal of Psychology, 54*(1), 34–49.
67. McNulty, J. K. (2016). Highlighting the contextual nature of interpersonal relationships. *Advances in Experimental Social Psychology, 54*, 247–315. https://doi.org/10.1016/bs.aesp.2016.02.003

68. Karney, B., & Bradbury, T. (1995). The longitudinal course of marital quality and stability: A review of theory, methods, and research. *Psychological Bulletin, 118*(1), 3–34. https://doi.org/10.1037/0033-2909.118.1.3
69. Finn, C., Mitte, K., & Neyer, F. J. (2013). The relationship-specific interpretation bias mediates the link between neuroticism and satisfaction in couples. *European Journal of Personality, 27*(2), 200–212. https://doi.org/10.1002/per.1862
70. Finn, C., Mitte, K., & Neyer, F. J. (2013). The relationship-specific interpretation bias mediates the link between neuroticism and satisfaction in couples. *European Journal of Personality, 27*(2), 200–212. https://doi.org/10.1002/per.1862
71. Finn, C., Mitte, K., & Neyer, F. J. (2015). Recent decreases in specific interpretation biases predict decreases in neuroticism: Evidence from a longitudinal study with young adult couples. *Journal of Personality, 83*(3), 274–286. https://doi.org/10.1111/jopy.12102
72. Daspe, M.-È., Sabourin, S., Péloquin, K., Lussier, Y., & Wright, J. (2013). Curvilinear associations between neuroticism and dyadic adjustment in treatment-seeking couples. *Journal of Family Psychology, 27*(2), 232–241. https://doi.org/10.1037/a0032107
73. Leary, M. R., Tambor, E. S., Terdal, S. K., & Downs, D. L. (1995). Self-esteem as an interpersonal monitor: The sociometer hypothesis. *Journal of Personality and Social Psychology, 68*(3), 518–530. https://doi.org/10.1037/0022-3514.68.3.518
74. Rosenberg, M. (1965). *Society and the adolescent self-image.* Princeton University Press.
    von Collani, G., & Herzberg, P. Y. (2003). Eine revidierte Fassung der deutschsprachigen Skala zum Selbstwertgefühl von Rosenberg. *Zeitschrift für Differentielle und Diagnostische Psychologie, 24*(1), 3–7. https://doi.org/10.1024//0170-1789.24.1.3
75. Murray, S. L., Holmes, J. G., & Griffin, D. W. (2000). Self-esteem and the quest for felt security: How perceived regard regulates attachment processes. *Journal of Personality and Social Psychology, 78*(3), 478-498. https://doi.org/10.1037//0022-3514.78.3.478
76. Leary, M. R., & Baumeister, R. F. (2000). The nature and function of self-esteem: Sociometer theory. In M. P. Zanna (Ed.), *Advances in Experimental Social Psychology* (pp. 1–62). Academic Press. https://doi.org/10.1016/s0065-2601(00)80003-9
    Leary, M. R. (2012). Sociometer theory. In P. A. M. van Lange, A. W. Kruglanski, & E. T. Higgins (Eds.), *Handbook of theories of social psychology* (Vol. 2, pp. 151–159). SAGE Publications. https://doi.org/10.4135/9781446249222.n33

77. Murray, S.L., Holmes, J.G., & Collins, N.L. (2006). Optimizing assurance: The risk regulation system in relationships. *Psychological Bulletin, 132*(5), 641-666. https://doi.org/10.1037/0033-2909.132.5.641
78. Murray, S.L., Holmes, J.G., & Griffin, D.W. (2000). Self-esteem and the quest for felt security: How perceived regard regulates attachment processes. *Journal of Personality and Social Psychology, 78*(3), 478-498. https://doi.org/10.1037//0022-3514.78.3.478
79. Bowlby, J. (1980). *Attachment and loss.* Basic Books.
Hazan, C., & Shaver, P.R. (1987). Romantic love conceptualized as an attachment process. *Journal of Personality and Social Psychology, 52*(3), 511–524. https://doi.org/10.1037/0022-3514.52.3.511
80. Ainsworth, M.D.S. (1979). Infant–mother attachment. *American Psychologist, 34*(10), 932–937. https://doi.org/10.1037/0003-066X.34.10.932
Ainsworth, M.D.S., Blehar, M.C., Waters, E., & Wall, S. (1978). *Patterns of attachment: A psychological study of the strange situation.* Lawrence Erlbaum.
81. Fraley, R.C., Heffernan, M.E., Vicary, A.M., & Brumbaugh, C.C. (2011). The Experiences in Close Relationships—Relationship Structures Questionnaire: A method for assessing attachment orientations across relationships. *Psychological Assessment, 23*(3), 615–625. https://doi.org/10.1037/a0022898
82. Chow, C.M., Ruhl, H., & Buhrmester, D. (2016). Reciprocal associations between friendship attachment and relational experiences in adolescence. *Journal of Social and Personal Relationships, 33*(1), 122-146. https://doi.org/10.1177/0265407514562987
Furman, W., Simon, V.A., Shaffer, L., & Bouchey, H.A. (2002). Adolescents' working models and styles for relationships with parents, friends, and romantic partners. *Child Development, 73*(1), 241-255. https://doi.org/10.1111/1467-8624.00403
Hudson, N.W., Fraley, R.C., Brumbaugh, C.C., & Vicary, A.M. (2014). Coregulation in romantic partners' attachment styles: A longitudinal investigation. *Personality and Social Psychology Bulletin, 40*(7), 845-857. https://doi.org/10.1177/0146167214528989
83. Mikulincer, M., & Shaver, P.R. (2007). *Attachment in adulthood: Structure, dynamics, and change.* The Guilford Press.
Mikulincer, M., & Shaver, P.R. (2013). The role of attachment security in adolescent and adult close relationships. In J.A. Simpson & L. Campbell (Eds.), *The Oxford handbook of close relationships* (pp. 66–89). Oxford University Press. https://doi.org/10.1093/oxfordhb/9780195398694.013.0004

84. Simpson, J. A. (1990). Influence of attachment styles on romantic relationships. *Journal of Personality and Social Psychology, 59*(5), 971–980. https://doi.org/10.1037/0022-3514.59.5.971
Mikulincer, M., Shaver, P. R., & Pereg, D. (2003). Attachment theory and affect regulation: The dynamics, development, and cognitive consequences of attachment-related strategies. *Motivation and Emotion, 27*(2), 77–102. https://doi.org/10.1023/A:1024515519160
85. Overall, N. C., & Sibley, C. G. (2009a). Attachment and dependence regulation within daily interactions with romantic partners. *Personal Relationships, 16*(2), 239-261. https://doi.org/10.1111/j.1475-6811.2009.01221.x
Overall, N. C., & Sibley, C. G. (2009b). When rejection sensitivity matters: Regulating dependence within daily interactions with family and friends. *Personality and Social Psychology Bulletin, 35*(8), 1057-1070. https://doi.org/10.1177/0146167209336754

03 Gemeinsames Wachstum

86. Vazire, S. (2010). Who knows what about a person? The self–other knowledge asymmetry (SOKA) model. *Journal of Personality and Social Psychology, 98*(2), 281–300. https://doi.org/10.1037/a0017908
87. Rogers, C. R. (2021). *Entwicklung der Persönlichkeit. Psychotherapie aus der Sicht eines Therapeuten*. Klett-Cotta.
88. Magnusson, D. (1990). Personality development from an interactional perspective. In L. A. Pervin (Ed.), *Handbook of personality: Theory and measurement* (pp. 193–222). The Guilford Press.
Neyer, F. J., & Asendorpf, J. B. (2001). Personality-relationship transaction in young adulthood. *Journal of Personality and Social Psychology, 81*(6), 1190–1204. https://doi.org/10.1037/0022-3514.81.6.1190
89. Caspi, A., & Bem, D. J. (1990). Personality continuity and change across the life course. In L. A. Pervin (Ed.), *Handbook of personality: Theory and research* (pp. 549–575). The Guilford Press.
Neyer, F. J., & Asendorpf, J. B. (2001). Personality-relationship transaction in young adulthood. *Journal of Personality and Social Psychology, 81*(6), 1190–1204. https://doi.org/10.1037/0022-3514.81.6.1190
Neyer, F. J., Mund, M., Zimmermann, J., & Wrzus, C. (2014). Personality-relationship transactions revisited. *Journal of Personality, 82*(6), 539–550. https://doi.org/10.1111/jopy.12063

Roberts, B. W., Wood, D., & Caspi, A. (2008). The development of personality traits in adulthood. In O. P. John, R. W. Robins, & L. A. Pervin (Eds.), *Handbook of personality: Theory and research* (pp. 375–398). The Guilford Press.

90. Overall, N. C., Fletcher, G. J. O., & Simpson, J. A. (2006). Regulation processes in intimate relationships: The role of ideal standards. *Journal of Personality and Social Psychology, 91*(4), 662–685. https://doi.org/10.1037/0022-3514.91.4.662
91. Drigotas, S. M., Rusbult, C. E., Wieselquist, J., & Whitton, S. W. (1999). Close partner as sculptor of the ideal self: Behavioral affirmation and the Michelangelo phenomenon. *Journal of Personality and Social Psychology, 77*(2), 293–323.
92. Drigotas, S. M., Rusbult, C. E., Wieselquist, J., & Whitton, S. W. (1999). Close partner as sculptor of the ideal self: Behavioral affirmation and the Michelangelo phenomenon. *Journal of Personality and Social Psychology, 77*(2), 293–323.
    Rusbult, C. E., Finkel, E. J., & Kumashiro, M. (2009). The Michelangelo phenomenon. *Current Directions in Psychological Science, 18*(6), 305–309. https://doi.org/10.1111/j.1467-8721.2009.01657.x
93. Maslow, A. H. (1954). *Motivation and personality.* Harper & Row.
94. Drigotas, S. M. (2002). The Michelangelo phenomenon and personal well-being. *Journal of Personality, 70*(1), 59–77. https://doi.org/10.1111/1467-6494.00178
    Rusbult, C. E., Finkel, E. J., & Kumashiro, M. (2009). The Michelangelo phenomenon. *Current Directions in Psychological Science, 18*(6), 305–309. https://doi.org/10.1111/j.1467-8721.2009.01657.x
95. Bühler, J. L., Weidmann, R., Kumashiro, M., & Grob, A. (2019). Does Michelangelo care about age? An adult life-span perspective on the Michelangelo phenomenon. *Journal of Social and Personal Relationships, 36*(4), 1392–1412. https://doi.org/10.1177/0265407518766698
96. Aron, A., & Aron, E. N. (1997). Self-expansion motivation and including other in the self. In S. W. Duck (Ed.), *Handbook of personal relationships: Theory, research and interventions* (pp. 251–270). John Wiley & Sons Inc.
97. Aron, A., Aron, E. N., Tudor, M., & Nelson, G. (1991). Close relationships as including other in the self. *Journal of Personality and Social Psychology, 60*(2), 241-253. https://doi.org/10.1037/0022-3514.60.2.241
98. DePaulo, B. M., & Morris, W. L. (2006). The unrecognized stereotyping and discrimination against people who are single. *Current Directions in Psychological Science, 15*(5), 251–254. https://doi.org/10.1111/j.1467-8721.2006.00446.x

04 Der Lauf der Liebe

99. Lippa, R. A. (2007). The preferred traits of mates in a cross-national study of heterosexual and homosexual men and women: An examination of biological and cultural influences. *Archives of Sexual Behavior, 36*(2), 193–208. https://doi.org/10.1007/s10508-006-9151-2

100. https://de.statista.com/statistik/daten/studie/1025036/umfrage/umfrage-in-deutschland-zum-ort-des-kennenlernens-des-partners/

    Rosenfeld, M. J., Thomas, R. J., & Hausen, S. (2019). Disintermediating your friends: How online dating in the United States displaces other ways of meeting. *Proceedings of the National Academy of Sciences, 116*(36), 17753-17758. https://doi.org/10.1073/pnas.1908630116

101. Festinger, L., Schachter, S., & Back, K. (1950). *Social pressures in informal groups: A study of human factors in hoursing.* Harper.

102. Li, N. P., Bailey, J. M., Kenrick, D. T., & Linsenmeier, J. A. W. (2002). The necessities and luxuries of mate preferences: Testing the tradeoffs. *Journal of Personality and Social Psychology, 82*(6), 947–955. https://doi.org/10.1037/0022-3514.82.6.947

    Regan, P. C., Levin, L., Sprecher, S., Christopher, F. S., & Gate, R. (2000). Partner preferences. *Journal of Psychology & Human Sexuality, 12*(3), 1-21. https://doi.org/10.1300/J056v12n03_01

103. Blackwell, D. L., & Lichter, D. T. (2004). Homogamy among dating, cohabiting, and married couples. *The Sociological Quarterly, 45*(4), 719-737. https://doi.org/10.1111/j.1533-8525.2004.tb02311.x

104. https://de.statista.com/statistik/daten/studie/180321/umfrage/durchschnittliches-alter-bei-der-eheschliessung-nach-geschlecht/

105. Rusbult, C. E., Kumashiro, M., Kubacka, K. E., & Finkel, E. J. (2009). »The part of me that you bring out«: Ideal similarity and the Michelangelo phenomenon. *Journal of Personality and Social Psychology, 96*(1), 61–82. https://doi.org/10.1037/a0014016

106. Günaydin, G., Selcuk, E., & Hazan, C. (2013). Finding the one: A process model of human mate selection. In C. Hazan & M. I. Campa (Eds.), *Human bonding: The science of affectional ties* (pp. 103–131). The Guilford Press.

107. Aron, A., Melinat, E., Aron, E. N., Vallone, R. D., & Bator, R. J. (1997). The experimental generation of interpersonal closeness: A procedure and some preliminary findings. *Personality and Social Psychology Bulletin, 23*(4), 363–377. https://doi.org/10.1177/0146167297234003

108. Aron, A., Melinat, E., Aron, E. N., Vallone, R. D., & Bator, R. J. (1997). The expe-

rimental generation of interpersonal closeness: A procedure and some preliminary findings. *Personality and Social Psychology Bulletin, 23*(4), 363–377. https://doi.org/10.1177/0146167297234003

109. Bleidorn, W., Hopwood, C. J., & Lucas, R. E. (2018). Life events and personality trait change. *Journal of Personality, 86*(1), 83–96. https://doi.org/10.1111/jopy.12286
110. Schröder, J., & Schmiedeberg, C. (2015). Effects of relationship duration, cohabitation, and marriage on the frequency of intercourse in couples: Findings from German panel data. *Social Science Research, 52*, 72–82. https://doi.org/10.1016/j.ssresearch.2015.01.009
111. Levin, I., & Trost, J. (1999). Living apart together. *Community, Work & Family, 2*(3), 279–294. https://doi.org/10.1080/13668809908412186
112. Bundesinstitut für Bevölkerungsforschung. (2022). *Heiratsziffer in ausgewählten Altersgruppen nach Geschlecht in Deutschland (1990-2018).* https://www.bib.bund.de/DE/Fakten/Fakt/L112-Heiratsziffer-Geschlecht-Alter-ab-1990.html
113. Bühler, J. L., Krauss, S., & Orth, U. (2021). Development of relationship satisfaction across the life span: A systematic review and meta-analysis. *Psychological Bulletin, 147*(10), 1012–1053. https://doi.org/10.1037/bul0000342
114. Roberts, B. W., Wood, D., & Smith, J. L. (2005). Evaluating five factor theory and social investment perspectives on personality trait development. *Journal of Research in Personality, 39*(1), 166–184. https://doi.org/10.1016/j.jrp.2004.08.002
115. Bleidorn, W., Hopwood, C. J., & Lucas, R. E. (2018). Life events and personality trait change. *Journal of Personality, 86*(1), 83–96. https://doi.org/10.1111/jopy.12286
     Bühler, J. L., Mund, M., Neyer, F. J., & Wrzus, C. (2022). A developmental perspective on personality– relationship transactions: Evidence from three nationally representative samples. *Journal of Personality, 00*, 1–20. https://doi.org/10.1111/jopy.12757

05 Im Alltag aneinander wachsen

116. Levenson, R. W. (1994). Human emotion: A functional view. In P. Ekman & R. J. Davidson (Eds.), *The nature of emotions: Fundamental questions* (pp. 123-126). Oxford University Press.
     Levenson, R. W. (1999). The intrapersonal functions of emotion. *Cognition & Emotion, 13*(5), 481-504. https://doi.org/10.1080/026999399379159
117. Levenson, R. W. (1999). The intrapersonal functions of emotion. *Cognition & Emotion, 13*(5), 481-504. https://doi.org/10.1080/026999399379159

118. Clark, M.S., Fitness, J., & Brissette, I. (2004). Understanding people's perceptions of relationships is crucial to understanding their emotional lives. In M.B. Brewer & M. Hewstone (Eds.), *Emotion and motivation* (pp. 21–46). Blackwell Publishing.

Feeney, J.A. (1995). Adult attachment and emotional control. *Personal Relationships, 2*(2), 143–159. https://doi.org/10.1111/j.1475-6811.1995.tb00082.x

119. Fletcher, G.J.O., Simpson, J.A., Campbell, L., & Overall, N.C. (2013). *The science of intimate relationships.* Wiley Blackwell.

Kelley, H.H., & Thibaut, J.W. (1978). *Interpersonal relations: A theory of interdependence.* Wiley.

120. Ellis, A. (1962). *Reason and emotion in psychotherapy.* Lyle Stuart.

121. Fincham, F.D. (2003). Attributions in close relationships: From balkanization to integration. In G.J.O. Fletcher, & M.S. Clark (Eds.), *Handbook of social psychology: Interpersonal processes* (pp. 3-31). Blackwell.

122. Klayman, J. (1995). Varities of confirmation bias. *Psychology of Learning and Motivation, 32,* 385-418. https://doi.org/10.1016/S0079-7421(08)60315-1

123. Fincham, F.D. (2003). Attributions in close relationships: From balkanization to integration. In G.J.O. Fletcher, & M.S. Clark (Eds.), *Handbook of social psychology: Interpersonal processes* (pp. 3-31). Blackwell.

124. Sillars, A.L., & Vangelisti, A.L. (2006). Communication: Basic properties and their relevance to relationship research. In A.L. Vangelisti & D. Perlman (Eds.), *The Cambridge handbook of personal relationships* (pp. 331–352). Cambridge University Press. https://doi.org/10.1017/CBO9780511606632.019

125. Kiecolt-Glaser, J.K., & Newton, T.L. (2001). Marriage and health: His and hers. *Psychological Bulletin, 127*(4), 472–503. https://doi.org/10.1037/0033-2909.127.4.472

126. Rusbult, C.E., Zembrodt, I.M., & Gunn, L.K. (1982). Exit, voice, loyalty, and neglect: Responses to dissatisfaction in romantic involvements. *Journal of Personality and Social Psychology, 43*(6), 1230–1242. https://doi.org/10.1037/0022-3514.43.6.1230

127. Rusbult, C.E., Zembrodt, I.M., & Gunn, L.K. (1982). Exit, voice, loyalty, and neglect: Responses to dissatisfaction in romantic involvements. *Journal of Personality and Social Psychology, 43*(6), 1230–1242. https://doi.org/10.1037/0022-3514.43.6.1230

128. Fletcher, G.J.O., Simpson, J.A., Campbell, L., & Overall, N.C. (2013). *The science of intimate relationships.* Wiley Blackwell.

Kelley, H.H., & Thibaut, J.W. (1978). *Interpersonal relations: A theory of interdependence.* Wiley.

Gottman, J. M. (1999). *The marriage clinic: A scientifically based marital therapy*. W. W. Norton & Co.

129. Gottman, J. M. (1998). Psychology and the study of marital processes. *Annual Review of Psychology, 49*(1), 169-197. https://doi.org/10.1146/annurev.psych.49.1.169
130. Christensen, A., & Heavey, C. L. (1990). Gender and social structure in the demand/withdraw pattern of marital conflict. *Journal of Personality and Social Psychology, 59*(1), 73-81. https://doi.org/10.1037/0022-3514.59.1.73
131. Gottman, J. M. (1994). *What predicts divorce?: The relationship between marital processes and marital outcomes*. Lawrence Erlbaum Associates.
132. Murray, S. L., Holmes, J. G., & Collins, N. L. (2006). Optimizing assurance: The risk regulation system in relationships. *Psychological Bulletin, 132*(5), 641-666. https://doi.org/10.1037/0033-2909.132.5.641
133. Kelley, H. H., & Thibaut, J. W. (1978). *Interpersonal relations: A theory of interdependence*. Wiley.
134. Finn, C., Mitte, K., & Neyer, F. J. (2013). The relationship-specific interpretation bias mediates the link between neuroticism and satisfaction in couples. *European Journal of Personality, 27*(2), 200–212. https://doi.org/10.1002/per.1862
135. Murray, S. L., Holmes, J. G., & Collins, N. L. (2006). Optimizing assurance: The risk regulation system in relationships. *Psychological Bulletin, 132*(5), 641-666. https://doi.org/10.1037/0033-2909.132.5.641
136. Leary, M. R., & Baumeister, R. F. (2000). The nature and function of self-esteem: Sociometer theory. In M. P. Zanna (Ed.), *Advances in Experimental Social Psychology* (pp. 1–62). Academic Press. https://doi.org/10.1016/s0065-2601(00)80003-9

    Murray, S. L., Holmes, J. G., & Griffin, D. W. (2000). Self-esteem and the quest for felt security: How perceived regard regulates attachment processes. *Journal of Personality and Social Psychology, 78*(3), 478-498. https://doi.org/10.1037//0022-3514.78.3.478
137. Overall, N. C., & Sibley, C. G. (2009a). Attachment and dependence regulation within daily interactions with romantic partners. *Personal Relationships, 16*(2), 239-261. https://doi.org/10.1111/j.1475-6811.2009.01221.x

    Overall, N. C., & Sibley, C. G. (2009b). When rejection sensitivity matters: Regulating dependence within daily interactions with family and friends. *Personality and Social Psychology Bulletin, 35*(8), 1057-1070. https://doi.org/10.1177/0146167209336754
138. Cohan, C. L., & Bradbury, T. N. (1997). Negative life events, marital interaction, and the longitudinal course of newlywed marriage. *Journal of Personality and*

Social Psychology, 73*(1), 114–128. https://doi.org/10.1037/0022-3514.73.1.114

Karney, B. R., & Bradbury, T. N. (1997). Neuroticism, marital interaction, and the trajectory of marital satisfaction. *Journal of Personality and Social Psychology, 72*(5), 1075–1092. https://doi.org/10.1037/0022-3514.72.5.1075

Overall, N. C., Sibley, C. G., & Travaglia, L. K. (2010). Loyal but ignored: The benefits and costs of constructive communication behavior. *Personal Relationships, 17*(1), 127–148. https://doi.org/10.1111/j.1475-6811.2010.01257.x

139. Braithwaite, S. R., Selby, E. A., & Fincham, F. D. (2011). Forgiveness and relationship satisfaction: Mediating mechanisms. *Journal of Family Psychology, 25*(4), 551-559. https://doi.org/10.1037/a0024526

140. McNulty, J. K. (2008). Forgiveness in marriage: Putting the benefits into context. *Journal of Family Psychology, 22*(1), 171-175. https://doi.org/10.1037/0893-3200.22.1.171

141. Watzlawick, P. (2015). *Man kann nicht kommunizieren. Das Lesebuch*. Hogrefe.

06 Ich höre dir zu

142. Finkel, E. J., Slotter, E. B., Luchies, L. B., Walton, G. M., & Gross, J. J. (2013). A brief intervention to promote conflict reappraisal preserves marital quality over time. *Psychological Science, 24*(8), 1595–1601. https://doi.org/10.1177/0956797612474938

143. Finkel, E. J., Slotter, E. B., Luchies, L. B., Walton, G. M., & Gross, J. J. (2013). A brief intervention to promote conflict reappraisal preserves marital quality over time. *Psychological Science, 24*(8), 1595-1601. https://doi.org/10.1177/0956797612474938

144. Bodenmann, G. & Fux, C. (2016). *Was Paare stark macht: Das Geheimnis glücklicher Beziehungen* (6th ed.). Beobachter Edition.

145. Bodenmann, G. (1995). A systemic-transactional conceptualization of stress and coping in couples. *Swiss Journal of Psychology, 54*(1), 34–49.

146. Finkel, E. J., & Campbell, W. K. (2001). Self-control and accommodation in close relationships: An interdependence analysis. *Journal of Personality and Social Psychology, 81*(2), 263–277. https://doi.org/10.1037/0022-3514.81.2.263

Neff, L. A., & Karney, B. R. (2004). How does context affect intimate relationships? Linking external stress and cognitive processes within marriage. *Personality and Social Psychology Bulletin, 30*(2), 134–148. https://doi.org/10.1177/0146167203255984

147. Gardner, K. A., & Cutrona, C. E. (2004). Social support communication in families. In A. L. Vangelisti (Ed.), *Handbook of family communication* (pp. 495–512). Lawrence Erlbaum Associates Publishers.

148. Fletcher, G. J. O., Simpson, J. A., Campbell, L., & Overall, N. C. (2013). *The science of intimate relationships.* Wiley Blackwell.
Kelley, H. H., & Thibaut, J. W. (1978). *Interpersonal relations: A theory of interdependence.* Wiley.

149. Simpson, J. A., Winterheld, H. A., Rholes, W. S., & Oriña, M. M. (2007). Working models of attachment and reactions to different forms of caregiving from romantic partners. *Journal of Personality and Social Psychology, 93*(3), 466–477. https://doi.org/10.1037/0022-3514.93.3.466

150. Pasch, L. A., & Bradbury, T. N. (1998). Social support, conflict, and the development of marital dysfunction. *Journal of Consulting and Clinical Psychology, 66*(2), 219–230. https://doi.org/10.1037/0022-006X.66.2.219

151. Fletcher, G. J. O., Simpson, J. A., Campbell, L., & Overall, N. C. (2013). *The science of intimate relationships.* Wiley Blackwell.
Kelley, H. H., & Thibaut, J. W. (1978). *Interpersonal relations: A theory of interdependence.* Wiley.

152. Reynolds, J. S., & Perring, N. A. (2004). Mismatches in social support and psychosocial adjustment to breast cancer. *Health Psychology, 23*(4), 425-430. https://doi.org/10.1037/0278-6133.23.4.425
Siewert, K., Antoniw, K., Kubiak, T., & Weber, H. (2011). The more the better? The relationship between mismatches in social support and subjective well-being in daily life. *Journal of Health Psychology, 16*(4), 621-631. https://doi.org/10.1177/1359105310385366

153. Brock, R. L., & Lawrence, E. (2009). Too much of a good thing: Underprovision versus overprovision of partner support. *Journal of Family Psychology, 23*(2), 181–192. https://doi.org/10.1037/a0015402

154. Brock, R. L., & Lawrence, E. (2009). Too much of a good thing: Underprovision versus overprovision of partner support. *Journal of Family Psychology, 23*(2), 181–192. https://doi.org/10.1037/a0015402
Fletcher, G. J. O., Simpson, J. A., Campbell, L., & Overall, N. C. (2013). *The science of intimate relationships.* Wiley Blackwell.
Kelley, H. H., & Thibaut, J. W. (1978). *Interpersonal relations: A theory of interdependence.* Wiley.

155. Bodenmann, G. & Fux, C. (2016). *Was Paare stark macht: Das Geheimnis glücklicher Beziehungen* (6th ed.). Beobachter Edition.

156. Weger, H., Jr., Castle, G.R., & Emmett, M.C. (2010). Active listening in peer interviews: The influence of message paraphrasing on perceptions of listening skill. *Journal of Listening, 24*(1), 34-39. https://doi.org/10.1080/10904010903466311
157. Reis, H.T., Shaver, P.R. (1988). Intimacy as an interpersonal process. In S.W. Duck (Ed.), *Handbook of personal relationships* (pp. 367–389). Wiley.

07 Wenn Beziehungen enden

158. Chung, M.C., Farmer, S., Grant, K., Newton, R., Payne, S., Perry, M., Saunders, J., Smith, C., & Stone, N. (2002). Self-esteem, personality and post traumatic stress symptoms following the dissolution of a dating relationship. *Stress and Health, 18*, 83-90. https://doi.org/10.1002/smi.929
159. Field, T. (2011). Romantic breakups, heartbreak and bereavement. *Psychology, 2*(4), 382–387. https://doi.org/10.4236/psych.2011.24060
160. Luciano, E.C., & Orth, U. (2017). Transitions in romantic relationships and development of self-esteem. *Journal of Personality and Social Psychology, 112*(2), 307-328. https://doi.org/10.1037/pspp0000109
161. Sbarra, D.A., & Ferrer, E. (2006). The structure and process of emotional experience following nonmarital relationship dissolution: Dynamic factor analyses of love, anger, and sadness. *Emotion, 6*(2), 224-238. https://doi.org/10.1037/1528-3542.6.2.224
Sbarra, D.A., & Emery, R.E. (2005). The emotional sequelae of nonmarital relationship dissolution: Analysis of change and intraindividual variability over time. *Personal Relationships, 12*(2), 213-232. https://doi.org/10.1111/j.1350-4126.2005.00112.x
162. Duck, S.W. (1982). A topography of relationship disengagement and dissolution. In S.W. Duck (Ed.), *Personal relationships: Dissolving personal relationships* (pp. 1-30). Academic Press.
163. Duck, S.W. (1982) A topography of relationship disengagement and dissolution. In S.W. Duck (Ed.), *Personal relationships: Dissolving personal relationships* (pp. 1-30). Academic Press.
164. Tashiro, T., Frazier, P., & Berman, M. (2006). Stress-related growth following divorce and relationship dissolution. In M.A. Fine & J.H. Harvey (Eds.), *Handbook of divorce and relationship dissolution* (pp. 361–384). Lawrence Erlbaum Associates Publishers.
165. Fletcher, G.J.O., Simpson, J.A., Campbell, L., & Overall, N.C. (2013). *The science of intimate relationships.* Wiley Blackwell.

Kelley, H. H., & Thibaut, J. W. (1978). *Interpersonal relations: A theory of interdependence.* Wiley.

166. Fletcher, G. J. O., Simpson, J. A., Campbell, L., & Overall, N. C. (2013). *The science of intimate relationships.* Wiley Blackwell.
Kelley, H. H., & Thibaut, J. W. (1978). *Interpersonal relations: A theory of interdependence.* Wiley.
167. Lewandowski, G. W., Jr., Aron, A., Bassis, S., & Kunak, J. (2006). Losing a self-expanding relationship: Implications for the self-concept. *Personal Relationships, 13*(3), 317-331. https://doi.org/10.1111/j.1475-6811.2006.00120.x
Slotter, E. B., Gardner, W. L., & Finkel, E. J. (2010). Who am I without you? The influence of romantic breakup on the self-concept. *Personality and Social Psychology Bulletin, 36*(2), 147-160. https://doi.org/10.1177/0146167209352250
168. Lewandowski, G. W., Jr., Aron, A., Bassis, S., & Kunak, J. (2006). Losing a self-expanding relationship: Implications for the self-concept. *Personal Relationships, 13*(3), 317-331. https://doi.org/10.1111/j.1475-6811.2006.00120.x

08 Die Kraft des Erzählens

169. McAdams, D. P., & Pals, J. L. (2006). A new Big Five: Fundamental principles for an integrative science of personality. *American Psychologist, 61*(3), 204–217. https://doi.org/10.1037/0003-066x.61.3.204
170. McAdams, D. P. (2008). *The life story interview.* [Unpublished manuscript]. Northwestern University.
171. https://sites.northwestern.edu/thestudyoflivesresearchgroup/
172. Buehlman, K. T., Gottman, J. M., & Katz, L. F. (1992). How a couple views their past predicts their future: Predicting divorce from an oral history interview. *Journal of Family Psychology,* 5(3-4), 295-318. https://doi.org/10.1037/0893-3200.5.3-4.295
173. Bühler, J. L., Maghsoodi, H., & McAdams, D. P. (2017). The Relationship Narrative Interview (RNI): A manual to assess romantic partners' relationship stories. Unpublished manuscript. Evanston, IL: Northwestern University. Das ganze Manual ist in englischer Fassung verfügbar unter: https://osf.io/bq8yw/